旅游景区综合发展研究

陈硕 李荣 栾玲 著

吉林文史出版社

图书在版编目（ＣＩＰ）数据

旅游景区综合发展研究 / 陈硕, 李荣, 栾玲著. --
长春 : 吉林文史出版社, 2023.10

ISBN 978-7-5472-9912-8

Ⅰ.①旅… Ⅱ.①陈… ②李… ③栾… Ⅲ.①旅游区
—经济发展—研究—中国 Ⅳ.①F592.3

中国国家版本馆CIP数据核字(2023)第202007号

旅游景区综合发展研究
LVYOU JINGQU ZONGHE FAZHAN YANJIU
著　　者：陈 硕 李 荣 栾 玲
责任编辑：高丹丹
封面设计：万典文化
出版发行：吉林文史出版社有限责任公司
地　　址：长春市福祉大路出版集团 A 座
邮　　编：130117
网　　址：WWW.jlws.com.cn
印　　厂：北京四海锦诚印刷技术有限公司
开　　本：180mm×260mm 1/16
印　　张：12
字　　数：273千字
版　　次：2023年10月第1版 2024年4月第1次印刷
书　　号：ISBN 978-7-5472-9912-8
定　　价：78.00 元

前 言

　　现代旅游业发展迅速，已经成为非常活力的产业。旅游景区是旅游业的重要组成部分，是吸引旅游者的核心。旅游业的发展从某种意义上说就是进行旅游景区的开发和建设。我国旅游业的发展速度非常快，旅游景区大型化、商业化以及体制多样化的趋势越来越明显。

　　旅游业的发展能够满足人们日益增长的物质和文化的需要。通过旅游使人们在体力上和精神上得到休息，改善健康情况，开阔眼界，增长知识，推动社会生产的发展。旅游业的发展以整个国民经济发展水平为基础并受其制约，同时又直接、间接地促进国民经济有关部门的发展，如推动商业、饮食服务业、旅馆业、民航、铁路、公路、邮电、日用轻工业、工艺美术业、园林等的发展。旅游业的发展促使这些部门不断改进和完善各种设施、增加服务项目，提高服务质量。随着社会的发展，旅游业日益显示它在国民经济中的重要地位。

　　旅游景区是旅游资源集中地，吸引着来自各个地方的游客。随着我国旅游业的发展，旅游景区也进入快速发展的阶段。旅游景区不仅数量增多，类型多样，设施也逐渐完善。任何一个景区开发建设前，应当编制旅游景区的总体规划方案。旅游景区规划是指为了科学保护和合理开发各项资源、有效经营和科学管理旅游景区、充分发挥景区资源价值而进行的各项旅游要素的统筹部署和具体安排。根据规划的内容及深度不同，将旅游景区规划分为不同的层次。

本书是旅游景区综合发展方向的书籍，本书从旅游景区发展定位介绍入手，针对发展战略、主题定位、形象定位进行了分析研究；另外对旅游景区开发、旅游景区规划、旅游景区产品与品牌塑造作了一定的介绍；还剖析了旅游景区管理，涵盖了旅游景区服务管理、旅游景区安全管理、旅游景区危机公共管理等内容；本书论述严谨，结构合理，条理清晰，内容丰富，能够为相关研究人员提供一定的理论支持。对旅游景区综合发展研究有一定的借鉴意义。

　　本书由天津海运职业学院陈硕、山西省朔州高等专科学校李荣、北京工业职业技术学院栾玲著。具体撰写分工如下：陈硕负责第一章、第二章、第三章的撰写工作（共计15.9万字），栾玲负责第四章、第五章的撰写工作（共计11.4万字）。李荣负责全书的审校统稿和修改。

目 录

第一章 旅游景区发展定位

第一节 发展战略

一、旅游发展战略规划原则

旅游景区发展定位的概念起源于 20 世纪 70 年代，是由著名的美国营销专家艾·里斯（Al Ries）与杰克·特罗（Jack Trout）提出，强调通过定位促使商品进入潜在旅游者心中并占据心灵位置。随着旅游业的快速发展和竞争的日趋激烈，旅游者的自主决策意识大大增强，旅游景区通过正确的定位和严密的科学规划，树立一个鲜明、独特而富于吸引力的旅游形象，提高知名度、识别度、美誉度及积极引导旅游者做出旅游决策具有极重要的作用。

发展战略是关于企业如何发展的理论体系，真正目的是如何摆脱传统竞争陷阱的困扰与折磨，解决企业的根本发展问题，实现企业快速、健康、持续的发展。发展战略思想运用到旅游业，即一个国家或地区对其旅游发展所作的长期谋划和指导原则，其主要内容有旅游发展的战略目标及实现旅游发展战略目标的对策、途径和手段。旅游发展战略思想是在旅游规划发展过程中逐步产生的。

规划原则就是规划规律的一种归纳总结。旅游发展战略规划可以按照归纳总结形成的原则进行。

（一）与时俱进原则

遵循与时俱进原则，避免旅游发展战略水平滞后。"时"是旅游业发展面临的新"形势"、新"趋势"。"进"就是创新、变化和前进。与时俱进就是在进行旅游发展战略规划时，时刻关注旅游业发展的新形势、新趋势，时刻保持旅游发展战略规划思路和内容，与旅游发展趋势形成连动和同步发展；时刻关注旅游产业环境的微妙变化，研究旅游产业管理实践的最新发展，运用管理学新的研究成果，提高旅游发展战略规划水平，实现所规划的旅游产业发展目标。

（二）超前创新原则

超前创新原则是旅游发展战略规划的生命和灵魂。超前：时间上有一定超前性。创新：有新思想、新方法、新发明。创新有两个层次：

第一，适应型创新。在旅游业发展环境发生了变化，已经发生旅游业发展滞后于旅游业发展形势的不协调现象，旅游发展战略规划方案需要有新措施、新方法来适应已经发生的变化，以实现新的协调，新的发展。

第二，超前型创新。根据对旅游发展环境未来可能发生的变化进行预测分析，充分发挥旅游发展战略规划的主动性，拓展思路，创造条件，引导旅游发展环境向有利于旅游产业的方向发展。旅游发展战略规划超前性，要求旅游发展战略规划方案在时间的延续上要经得起历史的考验，具有较长时期的适应性、实用性、领先性。

旅游发展战略规划的创新，就是要求旅游规划人借助于系统科学的观点，利用新思维、新技术、新方法，创造一种更新的更有效的旅游产业资源整合配置方式，以促进旅游产业系统的综合效益不断提高，实现以尽可能少的投入获得尽可能多产出的旅游产业发展目标。

（三）技艺融合原则

旅游发展战略规划技艺融合原则，就是在进行旅游发展战略规划的工作中，运用技术和艺术两种方法将科学性和艺术化统一于旅游发展战略规划方案之中，应用于旅游产业的发展中。

讲究"技术"：就是要研究将现代新科学、新技术、新材料和计算机辅助应用等技术可以运用于旅游产业，策划出的旅游产品和旅游项目要有技术含量，要有科学分量，要有先进科学技术的体现，营造美轮美奂的旅游体验，构建具有科学精神的旅游发展战略。

讲究"艺术"：就是讲究旅游发展战略规划的艺术性，将艺术化思想贯穿整个旅游发展战略规划活动始终。在规划开始前，把握艺术的总基调；在策划创意阶段，注重灵感、激发、愉悦、包装、渲染的艺术；在规划方案形成阶段，注重结构、语言、效果的艺术。

旅游发展战略规划注重技艺融合原则，实现技术性和艺术性的连动优化，既有技术的说服力，又有艺术的魅力，体现规划的创造力。

（四）综合集成原则

综合：把各种不同类别的旅游产业资源或科学技术方法组合在一起。

集成：将各类社会经济与自然界事物中好的方面、精华部分集中组合在一起。

旅游发展战略规划的综合集成：综合运用各种不同的科学方法、手段、工具，促进各项旅游产业要素、功能和优势之间的互补、匹配，使之产生1+1＞2的效果。

综合集成原则的四个特点：

第一，优化性。重视旅游规划系统和旅游产业系统的集成，如策划、设计、技术、管理、运行的旅游策划系统集成，旅游景区、旅行社、酒店、交通、市场的旅游产业系统集成等。

第二，动态性。时刻关注旅游系统内外环境要素的变化，及时调整相关的参量，保证旅游系统的运行适应外界的变化要求。

第三，模糊性。旅游发展战略规划要面临着许多难以精确定量描述的要素，同时，规划要突破现有的旅游产业系统的边界，从而使诸多问题的边界难以准确界定。

第四，协同性。综合集成协同旅游产业发展中各种管理要素、对象、手段，形成旅游产业发展超乎寻常的和谐、协调的状态。

综合集成原则综合各种旅游规划原则与方法，优化成为一个整体功能更强的新系统的原则和方法，调动一切可以调动的各种科学与社会资源中的优势因素，共同为旅游发展战略规划工作服务。

二、中国旅游业发展战略

中国旅游业近几年重要战略主要包括"旅游＋"战略、全域旅游战略、"一带一路"旅游发展战略、中国旅游"515战略"等。

（一）"旅游＋"战略

"旅游＋"是指充分发挥旅游业的拉动力、融合能力及催化、集成作用，为相关产业和领域发展提供旅游平台，插上"旅游"翅膀，形成新业态，提升其发展水平和综合价值。

"旅游 +"具有天然的开放性、动态性,"+"的对象、内容、方式都不断拓展丰富、多种多样,"+"的速度越来越快。经济社会越进步发展,"旅游 +"就越丰富多彩,"旅游 +"成为中国旅游业发展的重要战略,也是中国社会全面发展的重要成果和标志。

(二)全域旅游战略

全域旅游战略是指在一定区域内,以旅游业为优势产业,通过对区域内经济社会资源尤其是旅游资源、相关产业、生态环境、公共服务、体制机制、政策法规、文明素质等进行全方位、系统化的优化提升,实现区域资源有机整合、产业融合发展、社会共建共享,以旅游业带动和促进当地经济社会协调发展的一种新的区域协调发展理念。

推进全域旅游是贯彻五大发展理念的重要途径,是经济社会协调发展的客观要求,是旅游业提质增效可持续发展的必然选择,是旅游业改善民生、提升幸福指数、服务人民群众的有效方式,符合世界旅游发展的共同规律和整体趋势,代表着现代旅游发展的方向。

(三)"一带一路"旅游发展倡议

"一带一路"贯穿欧亚大陆,东边连接亚太经济圈,西边进入欧洲经济圈。无论是发展经济、改善民生,还是应对危机、加快调整,许多沿线国家同我国有着共同利益。历史上,陆上丝绸之路和海上丝绸之路就是我国同中亚、东南亚、南亚、西亚、东非、欧洲经贸和文化交流的大通道,"一带一路"是对古丝绸之路的传承和提升,获得了广泛认同。一带一路是中国新一轮对外开放的新格局,是沿途国家共同繁荣之有益路径,是中国梦与世界梦的有机结合。

(四)中国旅游"515 战略"

我国旅游业发展要实施"515 战略",即紧紧围绕"文明、有序、安全、便利、富民强国"五大目标,推出旅游十大行动,开展 52 项举措,推进旅游业转型升级、提质增效,加快旅游业现代化、信息化、国际化进程。

旅游景区的发展同样要有前瞻性的思考与谋划,如何深挖自身资源,顺应时代潮流，满足旅游者需求，占领旅游市场，是每个旅游规划师和旅游景区经营管理人员必须面对和重视的问题。

第二节　主题定位

旅游景区规划与开发需要围绕一定的主题。主题是旅游景区规划的理念核心，是旅游景区发展的灵魂。主题定位是旅游景区充分开发特色资源、形成特色旅游产品、开展市场营销、促进旅游者产生购买决策的关键因素。

一、旅游景区主题的内涵

主题（Theme）一词源于德国，最初是一个音乐术语，是指在音乐中被不断重复和不断扩张的那部分旋律，是构成音乐作品的骨架。它表现一个完整的音乐思想，是乐曲的核心。后来，这个术语被广泛用于一切文学艺术的创作中，是文艺作品中或者社会活动等所要表现的中心思想。

主题既反映了现实生活本身所蕴涵的客观意义，又集中体现了创作者对客观事物的主观认识、理解和评价。

旅游景区主题是旅游景区规划与开发的理念核心，是在规划与开发过程中不断被展示和体现出来的一种旅游理念或旅游审美价值观。它决定着旅游形象、项目、旅游产品等内容的规划、开发和设计，是旅游景区特色的高度凝练，也是旅游景区潜在的发展目标。只有主题选择准确，旅游景区规划才能获得成功。

鲜明的主题是旅游景区的旗帜和形象，是旅游景区内涵的具体化，也是旅游景区规划与开发的核心，因此，旅游景区通过旅游景区主题定位，强调"主题"的主导作用，使与"主题"相关的各种资源在有限的空间里高度聚集，形成一个整体，集聚吸引力，实现区域旅游经济的快速发展。

在旅游规划中，一个旅游景区可供选择的主题线索非常多，如何提炼出既能体现旅游景区资源特色，又能迎合旅游市场需求的主题类型是旅游景区开发中的首要问题。

旅游景区主题选择取决于旅游景区的地脉、文脉和人脉。在主题化策划过程中，以环境调查、提炼亮点、主题选择、主题项目策划为路径，确定旅游景区发展主题。

二、旅游景区主题的筛选

旅游景区主题是旅游景区规划的中心思想，往往旅游景区可供选择的主题类型非常多。从旅游景区的旅游资源的构成上来看，往往不是由单一资源组成的，可能包含有许多资源类型，如自然风光、历史文化传说等。对主题公园类旅游景区来说，可供选择的主题范围就更广，因此，确定主题类型比确定主题范围更为重要。

（一）与旅游景区性质协调一致

旅游景区的性质一般是指由风景资源的构成和特色、旅游开发的区位优势、旅游景区的主体及该旅游景区在一定的旅游区域中的地位、分工等所决定的功能、作用和地位。

旅游景区的性质实际上是由两方面内容所确定的：第一，构成旅游景区旅游资源的类型与特征；第二，旅游景区在区域旅游系统中的地域分工。

也就是说，旅游景区性质的确定不但要考虑资源本身特色，而且要符合区域旅游产业发展的总体布局。

（二）突出旅游资源特色

特色是旅游目的地吸引力、竞争力和生命力的源泉。

旅游景区主题策划要深入挖掘旅游景区资源特色，尤其针对外地客源市场的旅游景区更要在旅游资源上多做文章，对旅游资源的分析不能仅仅停留在表面所具有的特征上，更要把注意力集中在对抽象人文要素的发掘与整理上，力求从整体上把握资源特色。

对旅游景区旅游资源状况分析主要从旅游资源类型、旅游资源品味、旅游资源的数量与规模及不同类型的旅游资源的分布与组合等方面进行的。不仅要对旅游景区内旅游资源类型进行深入调查和客观评价，还要与周边地区旅游资源进行横向对比，挖掘出具有特色的资源进行重点开发。

（三）适应旅游市场需求

旅游资源是旅游景区产品的主要原材料，其本身并不是旅游产品。旅游资源开发以市场为导向，是由旅游产品的商品性质决定的。

在市场经济条件下，市场需求决定产业的发展方向、发展规模、发展速度及发展前景。这就要求旅游景区规划要进行准确而细化的市场定位，以客源市场的现实和潜在需求为导向，去发现、挖掘、评价、筛选和开发旅游资源，提炼旅游景区开发主题，设计、制作和组合旅游产品，推向旅游市场进而引导市场、开拓市场。如北京奥普乐主题运动乐园就在冬季推出了欢乐冰雪季旅游活动，受到旅游者的喜爱。

三、旅游景区主题的定位

旅游景区规划的主题定位是由旅游景区发展目标定位、旅游景区功能定位和旅游景区旅游形象定位这三大要素组成的有机体系。其中，发展目标是根本性的决定因素，是实质性主体；功能定位则是由发展目标决定的内在功能；形象定位是发展目标的外在表现。所以，我们可以将旅游景区规划主题定位内涵归纳为"一体两翼"。

（一）旅游景区发展目标定位

发展目标定位是确立旅游景区旅游主题的第一步。所谓的目标指某项规划决策、研究工作等努力的方向和要求达到的目的，具有可达性、约束性、时效性与一致性等特征。

发展目标从根本上影响着旅游景区的功能定位和形象树立，在旅游规划中，发展目标是三个方面中最根本的要素，决定了旅游景区发展的总方向。

从内容上来看，旅游景区规划与开发发展目标定位具有多元化的特点。例如，旅游景区发展目标可以包括如下内容：经济发展目标、社会效益目标、环境与文化遗产保护目标、基础设施发展目标等。

从时效上看，旅游景区规划与开发的发展目标可以分为总体战略目标和阶段性目标两大类型。制订开发目标的作用是监控旅游景区开发的实际产出与总目标之间的差距，以衡量旅游景区规划和开发的成功与否，并对出现的问题加以反馈修正。

在确立旅游景区发展目标时，通常将区域国民经济发展总体目标、区域旅游产业发展总体目标与旅游景区的自身发展相结合。在旅游景区规划与开发中，其发展目标的制订不仅要关注当地的发展，同时，还应将旅游者的需求和满意度置于较为重要的位置，因此，还需要制订出针对旅游者的发展目标，在此过程中应考虑如下几方面的因素。

1. 满足个人需求

随着大众旅游时代的到来，旅游成为人们生活中不可或缺的一部分，他们的旅游动机不尽相同。满足旅游者多样化的个人需求和占领旅游市场，是诸多旅游景区发展最根本的目标之一。

2. 提供新奇经历

对大多数旅游者而言，他们所向往的旅游经历是逃避常规生活中的高密度人群、快节奏的生活压力与严重污染的环境，因此，旅游景区发展目标中应体现出"回归自然"的特色，能够给旅游者带来新奇体验。

·在充满惊奇和神秘的旅途中享受出游的乐趣，探索异域独特的自然奇观，或者感受与众不同而又略带神秘的古文明、人文景观，深度体验异域文化的精髓。

·与大自然、阳光、海水、沙滩、森林、山地的亲密接触。

·异质文化与生活方式的新型体验。

3. 创造具有吸引力的旅游景区形象

旅游景区规划与开发应尽可能赋予旅游景区一种新颖的个性特征，同时，使这种个性特征易于旅游者辨识、记忆和传播。旅游景区主题形象设计应综合考虑旅游景区所在的环境及其所蕴含的文化特色，充分挖掘旅游景区自身优势、考虑周边同质资源竞争和旅游市场发展态势等因素，对当地主要旅游产品总体高度概括和评价，创造新颖、积极、科学的旅游景区主题形象，为旅游景区更好地开发与发展提供技术支撑。

值得一提的是，上述旅游景区发展目标定位的内容只是为旅游景区发展目标定位的制订提供了理论框架和方法。在规划与开发的实际工作中，对于旅游景区发展目标定位的确定，需要考虑当地实际情况进行。

（二）旅游景区功能定位

旅游景区功能定位是在旅游景区发展目标的指导下，以当地拥有的历史文化和资源条件为基础，对旅游景区功能的系统设计和安排，其对于指导旅游产品开发设计有重要意义。旅游景区功能定位具有多种可能性，在内容上还具有综合性、多样性的特征。出于为旅游景区的功能进行科学合理定位的考虑，通常从目标市场期望、政治经济环境、技术资金实力及旅游资源基础四个方面加以综合衡量。

政治经济环境和技术资金实力构成了旅游景区功能定位的外部环境，对旅游景区功能定位的可行性产生影响。旅游资源基础是旅游景区功能定位的基础因子，是设计支撑性旅游产品和项目的基础。目标市场期望则是旅游功能定位的方向指南，为旅游功能定位提供市场导向。只有综合考虑以上影响因素，才能准确进行旅游景区功能定位。

在具体的功能细分上，旅游景区旅游功能可划分为以下三个向量：

1. 经济功能

即对旅游景区在地区经济产业结构及区域旅游市场格局中扮演角色的定位。如定位为区域经济中的重要产业、先导产业、支柱产业等；区域旅游市场格局中的市场领导者、市场追随者、市场补缺者等。

2. 社会功能

即该旅游景区适应的旅游需求类型，对应于旅游消费行为层次，因此，必须深入了解旅游者的各类需求，包括物质需求，满足出行的硬件条件，也包括精神需求，如满足旅游者出行预期。追踪溯源，首要解决的问题是了解"旅游的意义"，不知道为什么要去旅游，旅游有什么意义，就谈不上旅游社会功能定位了。旅游景区社会功能定位在整体上表现为普通观光游览型、休闲度假型、探险体验型、民俗游乐型等。旅游景区功能社会定位，要追溯源头，要用心体会，注重细节，做好服务。不管是观光，还是体验，是养生还是度假，一切功能围绕让旅游者游出自我，产生情感共鸣。

3. 环境功能

即旅游景区的开发及后期管理对自然环境的影响作用。由此又可划分出如下功能类型：依托利用环境型，如自然风光旅游区——长江三峡等；有限开发型，如生态旅游区、自然保护区；改善环境型，如沙漠绿洲；人工改造环境型，如大型主题公园等。

（三）旅游景区旅游形象定位

如果说城市形象还带有一些客观性，是长时间积累而成的，那么旅游形象则相对带有人的主观色彩了，这与旅游相关部门、旅游企业、旅游策划者、旅游者有着密不可分的联系。所以，关于旅游形象的定义就存在不同的表述方式。有学者概括旅游形象是指旅游地的内外部公众，包括该地的居民、旅游从业者和现实或者潜在的旅游者等，对旅游地的外在因素如整体环境、基础设施、建筑布局、景观特色等和内在文化历史底蕴进行相应的体验和判断所形成的认识与评价，这种认识与评价具有总体性、概括性和抽象性，其实质就是对旅游地的过去（历史印象）、现在（现实感知）和将来（未来信念）的一种理性综合。

其实，旅游形象的概念在本质认识上是相同的，属于认知心理学的研究领域。对旅游形象研究成果突出的学者李蕾蕾认为旅游形象的核心可以概括为旅游者对旅游地的直接和间接信息处理过程及其结果，旅游形象包括形象的主体、客体和本体三部分。旅游形象的主体毋庸置疑肯定会包含旅游者。此外，还包括本地居民和形象策划师，他们也关系到旅游地的感知形象。旅游形象的客体则毫无疑问是旅游地，指的是某个区域小到旅游景区，大到省、市，甚至国家所表现出来的旅游形象。旅游形象的本体可分为两个基本类型：直接感知形象和间接感知形象，分别对应于"旅游地信息"和"关于旅游地信息"，前者由旅游地的人—地感知因素系统和人—人感知因素系统构成，后者由现代信息媒介产生的或媒介环境中的人—地感知系统和人—人感知系统构成。

建立一个鲜明、独特而富于吸引力的旅游形象，对于旅游景区形成自身优势，提高知名度、识别度、美誉度及积极引导旅游者做出旅游决策具有极大的推动作用。旅游景区形象定位就是要使旅游景区深入潜在旅游者心目中，占据心灵的某处位置，使旅游景区在旅游者心目中形成生动、深刻而鲜明的感知形象。借助此形象定位，旅游景区在旅游市场中便拥有了明确的立足点和独特的销售优势。

旅游景区形象定位的运作也就是形象定位的最终表述，一般称为核心理念或主题口号。一般来说，旅游形象口号应能反映一个旅游景区的独特性、差异性和深厚文化内涵，还要有领先性和新奇性，能引导旅游者想象，能适应一个阶段旅游需求的热点主体和潮流。此外，旅游形象口号还要能满足人们对美的追求，要比较亲和，不能过于居高临下、自我陶醉。口号应符合营销传播原则，文字精炼、朗朗上口，容易被旅游者记住，给人留下深刻的印象。

有了独特、鲜明的旅游景区形象核心理念的指导，进行旅游景区形象感知系统的设计就水到渠成了，分为人—地感知形象和人—人感知形象，两要素的整合为后面旅游景区形象的传播与推广提供载体。

由于旅游景区主题形象是旅游者认知旅游景区的重要途径，是旅游者选择旅游景区的决策因素之一，因此，本书将重点介绍旅游景区主题形象定位的原理方法。

第三节　形象定位

旅游景区形象影响着旅游者的决策行为，一个适宜的旅游景区形象有助于提高旅游景区旅游的可识别度，带动旅游景区三大效益的增长，实现旅游景区的可持续发展。

一、形象定位基础分析

旅游景区旅游形象的基础分析主要包括对旅游景区的四脉分析、旅游景区的市场分析及旅游景区的形象替代性分析。

（一）旅游景区四脉分析

四脉理论即地脉、文脉、商脉、人脉，是对传统的旅游形象定位分析的延伸和扩展，更全面地了解旅游目的地的各种资源，为后面旅游景区旅游形象的定位奠定坚实的基础。四脉的分析是旅游景区旅游形象定位的灵魂，通过四脉的分析，旅游景区可以重新审视自己，旅游景区旅游今后发展的方向和目标围绕形象定位的四脉分析而展开，具体表现为：

地脉指一个地域（国家、城市、风景区）的地理背景，即自然地理脉络，包括地质地貌、生物、气候气象、水体等自然资源禀赋及交通区位。

文脉指一个地域（国家、城市、风景区）的社会文化背景，即社会人文脉络，包括旅游目的地有形的历史文化遗产和无形的非物质文化遗产，是一种综合性的历史文化传统和社会心理积淀的组合。

商脉则是指分析目的地目标市场的需求及特点，结合当地具有比较优势和竞争优势的资源，提供与其需求相吻合的旅游经历和体验，是旅游目的地吸引旅游者，获得竞争优势，产生经济、社会和环境效益的最重要前提，这也是四脉理论的核心。

人脉原指人际关系，人际网络，在此是指当地居民和其他利益相关者对旅游目的地形象的心理判断和接受度。当地居民和其他利益相关者（如旅游企业人员、旅游相关部门人员）的态度会对旅游景区旅游发展产生很大的影响，外地旅游者来到一个旅游景区需要的是宾至如归的感觉，希望被得到认同和尊重。

（二）旅游景区市场分析

旅游景区的市场分析主要是分析旅游者对旅游景区旅游形象的认知与偏好，目的在于揭示公众对旅游景区的认知、态度、印象和预期。将旅游者作为无差别的大众进行旅游地形象定位时，只要宣传一切都是标准化或达到标准化要求的就几乎不必有所作为了，但大众社会的旅游者也会在不断经历标准化的旅游服务之后，产生需求的分化和差异，分众的旅游者诞生了。而在旅游形象的传播过程中，就要正确认识媒介与受众的互动关系，才能有效地使形象的定位凭借媒体的传播深入受众式的旅游者心中。

（三）旅游景区形象替代性分析

旅游景区的形象替代性分析是在旅游景区旅游发展背景和形象现状分析的基础上，分析旅游景区所在区域内外的其他旅游景区的形象空间格局和联系，以及未来可能发展和创新的方向，为独特性形象的构建提供依据。其实质就是，找出谁是竞争对手、描述竞争对手状况、分析竞争对手状况、掌握竞争对手方向、洞悉竞争对手意图、引导竞争对手的行动和战略。

二、旅游景区形象定位方法

旅游景区形象定位反映了旅游地的资源品级和产品开发的前景，也为其市场正确定位提供参考。只有通过差异化的、特色鲜明的形象策划，旅游景区才能发挥持久的魅力，形成各自的竞争优势。

（一）旅游形象定位的三要素

美国营销学家菲利普·科特勒（Philip Kotler）认为，形象定位的差异主要由以下三个要素决定：一是主体个性，是指旅游企业组织或产品的品质和价值内涵的独特风格；二是传达方式，是指把主体个性有效准确地传递到目标大众的渠道和措施；三是大众认知，在完成主体个性和传达方式两步之后，真正达到形象定位完成的衡量标志是大众感知和认知。它是指地区形象被目标受众（旅游者）所认识、知晓和感受的程度。

（二）旅游景区形象定位的主要方法

着眼于不同视角，就有不同的旅游地形象定位方法论，在实践中比较常用的定位法主要有如下几种：

1.综合定位法

综合型定位是一种普遍采用的旅游主体形象设计类型，主要适用于文化元素比较宽泛的区域。当然，综合型定位并非不要特色，只是在选择旅游形象定位点时，更具概括性，进而从更高层面体现旅游地的旅游特色。杭州宋城旅游景区就巧妙地用"给我一日，还你千年"的综合形象俘获人心，吊足旅游者胃口，从而产生旅游动机，一探究竟。

在很多旅游城市，特别是在一些国际大都市，其旅游形象影响因子之间相对比较平衡，众多的资源要素都比较优越，因而在城市形象定位总体选择上不能顾此失彼，需要采取一种兼容性、概念化定位，这种方式就是综合型定位。比如，香港的"动感之都"，巴黎的"浪漫之都"，曼谷的"天使之城"，山东的"好客山东"等。此类旅游形象定位没有一个明确的具象，而是用一种高度抽象的概念来界定这个城市的旅游特点，以达到高屋建瓴、包容万象的效果。综合定位必须注意与地域文脉相承，若定义不准，或太窄，会觉得有所缺憾；反之，若定位过于宽泛，则容易指向不明，引起歧义。

2.领先定位法

领先定位是指在旅游者心目中树立市场领导者的形象，适用于独一无二或无法替代的旅游资源或产品。在众多同质化的资源中能够占据第一位是不可多得的。第一位是根据旅游者各种不同的标准和属性建立形象阶梯，通过对资源进行分析比较后确定的领先位置。杭州西湖"天下湖，看西湖"的形象定位，瞬间传达给旅游者的是世界第一湖的品牌形象。这种第一品牌形象，使西湖永远有别于其他湖泊，"第一印象"会永远根植在旅游者的脑海里。再如，千岛湖的"天下第一秀水"、平遥的"华夏第一古县城"。

有的旅游景区为了吸引市场注意，在旅游宣传形象设计上不惜建立市场区隔，抬高自己，贬低对手，不仅不能达到应有的宣传效果，反而失去了自身的特点和优势。适度提升和点化本无可厚非，但如果过于目空一切、言过其实，则无疑触犯了广告文案设计中的基本禁忌。例如，对于"感受黄山，天下无山"，网友早有非议，尽管此语出自"黄山归来不看岳"，但此广告"太焦躁、太狂妄、太没有品位，也与中国和谐文化背道而驰"，使各山岳旅游景区不服，旅游者不满。三山五岳各有千秋、各领风骚，旅游者各有所需、各有所爱，怎能以一概之？这样的形象设计势必存在争议。

3. 比附定位法

比附定位是一种"借光"的定位方法。该方法借用著名旅游景区的市场影响来突出、抬高自己。能够与较高级别的同质化资源并驾齐驱当然是不错的选择。比附法就是借壳上市、借船出海，通过比拟名牌、借用著名旅游景区的市场影响来设计和传播旅游形象。比附性定位避开第一位，抢占第二位，看似退而求其次，实际是以退为进。例如，三亚定位为"东方夏威夷"，由于与美国夏威夷形成区位间隔，尽管在各方面都不可比拟，但对东半球旅游者仍很有诱惑性；宁夏的"塞上江南，神奇宁夏"是双面性的定位，对江南说塞上风光，对江北说江南水乡，两面买好，没有遗漏；腾冲的"中国的北海道"则借北海道的知名度，传播了温泉的自然特色，南方旅游者不用跑到北边去，国内的旅游者不用跑到国外去。

比附性定位方式应注意三点：其一，确实具备攀附的条件和特色，切忌乱学乱仿。现实中很多中小城市竞相模仿国际旅游大城市定位，动辄打出"东方××""小上海""小洞庭"之类的名号，或以小攀大，或以次充好，甚至无中生有，不切实际，大而空，虚而假，往往"画虎不成反类犬"。例如："肇庆山水美如画，堪称东方日内瓦"，日内瓦是一个国际性城市、文化艺术中心，集中了联合国日内瓦总部、国际红十字会等国际机构，悠久、宽容、恬然中透着古朴、典雅、凝重，勃朗峰白雪皑皑，莱蒙湖烟波浩渺，人工美与自然美相映生辉，无与伦比；但肇庆山水、文化与之有天壤之别，这样的定位显得不伦不类。其二，已经出名的旅游景区和具有独特风格的旅游景区不宜采用比附法，以免让自己失去品牌、降低格调。我国旅游景区现有旅游形象设计和宣传口号中，经常见到低劣的攀移附会现象，这是没有自信、缺乏创见的表现。例如，长白山的"南有亚龙湾，北有长白山"就有自我矮化的意味，长白山为什么去傍海南？这是《海南日报》关于这则广告做的新闻标题，海南人都觉得意外。这则旅游形象设计忽视了自身传统，淡化了对自己个性的肯定和尊重，而意图套用或抄袭他人的创意来展现自己，无疑模糊了旅游景区的形象，降低了旅游景区的品位，使其丧失长远的影响力和感召力。其三，与比附对象的空间距离不可太近，因为这种设计方法属于区域性定位，目的是吸引远离比附对象的旅游者，在这种情势下，如果"霸王硬上弓"，就是自取其辱。如泰山周围有数个号称"小泰山"的旅游景区，纯属当地人自娱自乐，没有任何价值。

4. 依托定位法

依托定位法是依托效应来塑造旅游景区形象的方法。名人、名句、著名事物、权威评价等本身就有较好的传播深度和可信度，稍加改进或直接"拿来主义"，即可收到很好的形象宣传效果。

（1）名人效应

旅游实践中依托名人效应设计的主题形象很多。例如，印度——探索圣雄甘地的生平；曲阜——孔子故里，东方圣城；诸暨——西施故里，美丽诸暨；富阳——富春山水，孙权故里；莆田——妈祖故乡，福建莆田。天津盘山的"早知有盘山，何必下江南"的形象设计借助了乾隆皇帝的威名，乾隆第一次巡幸盘山就发出了如此的感叹。临沂马鬐山成功借用岳飞风波亭遇害后在一个雷电交加的雨夜，天马行空，魂归马鬐山的民间传说，将"马鬐山"更名为天马岛，从而使旅游一发而不可收。

（2）文化效应

古往今来流传的名句很多，有古诗，有名言，有民谚俚语，如"上有天堂，下有苏杭""新疆是个好地方"是广为流传的名句；安徽天柱山的"天柱一峰擎日月，洞门千仞锁云雷"直接套用了白居易的诗句；八达岭长城则套用了毛泽东的"不到长城非好汉"诗句；"烟花水都，诗画扬州"借用的是孟浩然的"烟花三月下扬州""登泰山而小天下"则是孔子的名言。

河南登封市利用少林寺的名气，定位为"中国少林武术之乡"。开封的清明上河园本身就发端于《清明上河图》这幅名画。在景观上依照张择端《清明上河图》按1：1比例建设，在表演、体验、服务等方面，都有明显的"宋文化"的痕迹，以此立体地构筑了清园完整的宋文化主题公园形象，确立了"一朝步入画卷，一日梦回千年"的形象理念，使理念、视觉、行为得到完美统一。

（3）权威效应

一些权威机构的权威评价对旅游主体的宣传效果是巨大的，一些旅游景区形象直接由此设计，简单易行，立竿见影。例如：联合国最佳人居奖"烟台——最佳人居城市"；公众评选的"最具幸福感的城市——杭州"；联合国教科文组织评选的"西递宏村——世界遗产，世外桃源"。

5.逆向定位法

个别旅游景区不具备唯一性，第一、第二没得争，效应也没得依托，干脆采用逆向法，反其道而行之，负负得正，目的就是出名。逆向法是从心理上突破常规，打破消费者一般思维模式，以相反的内容和形式来塑造旅游形象，同时，搭建一个新的易于为旅游者接受的心理形象平台。逆向法运用在旅游领域，就是避开与强有力竞争者直接对抗，设计和提供该旅游市场上目前没有的特色旅游产品。它所强调和宣传的定位对象一般是消费者心中第一形象的对立面，正所谓剑走偏锋，歪打正着。这种设计方法可以在被其他旅游景区遗忘的市场角落，迅速站稳脚跟，于夹缝中求生存并能在旅游者心目中较快树立良好的形象。例如，河南林虑山风景区以"暑天山上看冰堆，冬天峡谷观桃花"的奇特景观征服市场；宁夏镇北堡影视城推出的主题定位就是避开繁华，"出售荒凉"；加拿大的广告用语是"越往北，越使你感到温暖"。

6.类型定位法

类型定位法是根据旅游地总体特征或某一种旅游地的属性将自身定位于某一类旅游地的定位方法。类型定位法是根据类型、风格、特色等对比要素来表明特点。此方法适用范围很广，因为旅游地所属分类是所有旅游地形象都需要表明的信息，也是公众必须获取的旅游地信息。例如，长城属于古建筑旅游地，青城山属于宗教旅游地，黄山属于山岳型旅游地，都需要通过一定的语言表达出来，如"问道青城山"说明了该处属于道教旅游胜地，"生态王国"说明了该处属于生态旅游胜地，"佛教圣地""泉城""水城""江南水乡""湿地公园""地质公园""生态乐园"等语言都具有表述类型的功能，只要用一定的语言传达这些信息，旅游地特色也就很明确了，未必所有的旅游地都要抢占领先位置。一旦明确所属类型，旅游地的特色也就被大家所了解。旅游产品类型不仅可以从不同角度划分，而且可以从不同层次划分，给形象设计者留下了发挥空间。

类型定位可从两方面入手：

其一，从选择分类方法入手。是指选择最有利于显示自身的特色的分类方法，树立形象参照系来占据有利位置。旅游产品分别可以根据旅游动机、审美特征、资源性状、资源成因、适宜人群等来分类，采用其中对自己有利的一种分类建立产品体系参照系来进行定位，说明旅游地的特色。

其二，从分类级别入手。首先定位于某一种分类体系中一级分类中的某一类，如果不能显示出自身的优势或特色，就需要在二级分类中寻找位置，如果仍然不能显示出自身的优势或特色，就需要继续在三级分类中寻找位置。越是低级分类，越容易显示出自身的个性。例如，自然类和人文类就是一种对比度很大的分类，最简单的旅游形象定位是告诉旅游者本旅游地属于人文旅游地还是自然旅游地。如果这样还难以说明本旅游地特色的话，还可以根据自己是属于地文景观、水域风光、生物景观、天象与气候景观、遗址遗迹、建筑与设施、旅游商品、人文活动等分类中的哪一类来说明本旅游地形象特色。如果这样仍然难以强化本旅游地主要特色，还可以在低一级类型里寻找自己旅游地形象的位置。如果按照上述分类仍然不足以体现自己产品的优势，还可以加上更多的限定性词语来表述。这里所举的例子只是旅游资源分类的一种，其他分类方法同样可以采取类似的方法来定位旅游地形象。这种定位方法不仅思路清晰、便于操作，而且有一定的发挥空间。

三、旅游景区旅游形象主题口号的确定

旅游地形象的提炼和界面意象毕竟是抽象的，在宣示给大众过程中必须是旅游者易于接受的，尤其是广告用语，因此，在一定设计原则和设计方法下，还要考虑旅游形象语言的设计特点。一个语言设计有特色、有品位、朗朗上口、韵味十足的旅游形象往往能产生神奇的广告效果，对旅游目的地的形象塑造与传播具有十分重要的作用。

（一）个性化语言

在进行旅游形象广告语设计时，要在充分进行地方性研究和受众调查的基础上，提炼反映地方特色与个性的形象元素并融入宣传口号之中，其表述必须有特色、有新意、易识别，最忌简单比附和套用。这就产生一个新问题，易识别往往就容易被复制，所以还要与难替代性结合，因此，语言设计务必要抓住特质，运用特殊的语言来区分。例如：九寨沟——童话世界，人间天堂。"童话"和"天堂"概念极贴切地诠释了旅游景区的特色意境和旅游者的惬意感受，彰显了旅游景区个性。绍兴——梦幻水乡，人文绍兴。作为首批联合国人居奖城市、著名水乡、桥乡，"梦幻水乡"名不虚传；作为首批中国历史文化名城、著名酒乡和书法之乡，拥有诸多名人故居和文化遗迹，在江南城市中"人文绍兴"可谓实至名归。

相反，国内不少旅游区盲目攀附巴黎"浪漫之都"的形象语言设计，嵌入"浪漫"词汇的比比皆是，诸如"浪漫之城""浪漫之都"等，出现大量雷同，沽名钓誉不说，即使果真浪漫，也不必人人趋之若鹜，处处拾人牙慧，显得极没情趣，俗不可耐。"浪漫"有多种表现形式，不同旅游景区各有各的"浪漫"，像上面所说的童话、梦幻，再如，炫丽、风流、逍遥、燃情等，为什么就不能契合自己的特质，换个新颖的说法？

（二）通俗化语言

旅游本质上是一种休闲，不能过多将历史考辨带进旅游，应努力用最浅易、最通俗的语言方式传达最明确的形象信息。在旅游形象设计中应该使用易懂、易记的语言，将历史变得时尚化，让文化变得生动化，通过旅游释放自己、放松心情，不能故弄玄虚，尤其不要使用含典故和比较生僻的语汇。例如，"想到了就去，普陀山"，这句广告语最大的特点就是采用了口语化的语言风格，易于人们接受和记忆，也易于口头传播，朗朗上口，明明白白。这种简约而不简单、通俗而不庸俗的口号式语言，可以让不同类型的受众在轻松愉悦的状态下，完成多频度、多层次传播，产生极好的口碑影响力。

通俗化语言设计需要注意两点：一是力避晦涩难懂。例如，汕头——海滨邹鲁，美食之乡。"邹鲁"二字较为晦涩，太过斯文，意指孟子和孔子的诞生地邹国和鲁国，喻指此地深受鲁家文化熏染，乃礼仪之邦，但是，试问普通旅游者有几人晓得邹鲁？如果再靠诠释或别人解释，岂不费劲！为什么不一次说明白？二是要释放正能量，宣传美，升华美，创造美，用词要有格调，通俗绝不是庸俗和粗俗，更不能媚俗。如，一些旅游景区迎合部分旅游者的心理，大肆宣传本地如何有灵气，定位为"幸运之地""转运之城"等，宣扬什么"××人来了回去就升官发财""治好了久治不愈的病"等，这有媚俗之嫌。

（三）精准化语言

主题形象广告语宜简练、准确，忌哗众取宠、空洞无味，既然是说给公众听，就要表达透彻，获得广泛认同和接受，不能产生根本性的歧义，让人听了如坠云里雾中。例如：浙江的旅游主题形象是"诗话江南、山水浙江"，浙江以山水见长，浩瀚的人文历史画卷让如诗如画的江南锦上添花。这一语言设计对浙江形象特征的概括比较客观、准确和全面。大理一年四季风景如画，有许多名胜古迹，但以"下关风、上关花、苍山雪、洱海月"四景最为著名，其"风花雪月"的形象定位，使用了浓缩化语言，准确洗练，干脆利索，且别具诱惑。"文化千岛、生态贵州"，也恰如其分地反映了贵州的原生态的民族文化风俗及和谐自然的人文生态环境。

相反，"魅力周庄，时尚周庄"的形象定位则显得笼统空泛，语焉不详，没有体现出景区的特色和风貌，既不能使没去过景区的人产生生动活泼的审美联想，又不能让去过的人记起江南水乡的特点，产生从具象到意象的二次审美，从而丧失了旅游形象的基本功用。"精彩湖南，浪漫潇湘"的语言特点也有这个弊端。"魅力、时尚、精彩、浪漫"的具象是什么，从何说起？不知所云。再如，有些地方动辄冠以"××之乡""××之城""××之都"。其实，在资源特色上，"乡、城、都"的概念是不一样的，所谓"乡"应是淳朴的、相对集中的、有民间基础的，所谓"城"应是悠久的、普遍的、有文化传承的，所谓"都"应是高层次的、大规模的、有深厚文化底蕴的，然而此类特点在这些地方是否相符？上述宣传俯拾皆是，不能不说是旅游主题形象定位与设计的败笔，旅游者实地感受后往往大呼后悔，有识之士则嗤之以鼻。

（四）梦幻化语言

国人很容易陷入历史的自恋，历史学者进入旅游领域，往往将本来很休闲的旅游变得沉重、生硬和僵化。旅游者不是不追求历史的真实，在旅游的环境和语境中，更希望历史、文化的表达是轻松的。张艺谋"印象系列"的盛行说明在旅游者心中，希望得到的不仅有知识，还有情感；不仅有具象，还有抽象；不仅有结果，还有过程；不仅有实景，还有感受。这便要求在旅游形象表达方面，关注诗性的发挥，注重发散性思维，以自由随性的方式设计形象，以诗化的语言传达美感，使人产生美好的联想。人说乌镇"晴不如阴，阴不如雨，雨不如夜"，在暮色苍茫、灯火阑珊时坐上乌篷船，在哗啦哗啦的桨声中，看着两岸的迷人夜色缓缓从身边掠过，时光似乎停下了脚步，仿佛进入梦乡。这就是物我两忘、天人合一的美妙意境。"来过，便不曾离开——乌镇印象"，给人的印象是美妙的，有种梦幻的感觉，可以使人忘掉自我、皈依自然。这句广告词堪称对"中国最后的枕水之乡"描述的神来之笔。

（五）感性化语言

感性化语言重在感召性，意在用极富感情色彩的语言触及旅游者的心动点。一句感性的、时尚的、回味无穷的旅游形象广告语，往往能引起无尽的遐想，产生意想不到的感召力，使旅游者产生出游的冲动。休闲时代，感性化语言尤其吻合旅游者的心境，当然，这要反映旅游需求的热点、主流与趋势。这方面不乏经典范例。

（六）诱惑化语言

诱惑美在许多成功的广告中体现得淋漓尽致，诱惑化语言所追求的不是单纯的物质需要，而是上升到了感情层面，与感性化语言比，不只是让人心动，而是让人心颤。诱惑化语言在于他触动、刺激甚至激发受众内心深处的情感，包括乡情、亲情、爱情、友情等，撩动人们心灵的琴弦，引起受众情感上的共鸣，从而实现促销的目的。

（七）艺术化语言

"红花需要绿叶配"，好的主题形象还需要艺术化的语言来表达，旅游地形象广告语最终需要通过各种媒介向受众传播。基于此，旅游形象的广告语设计在赋予文化内涵的同时，还要运用多种修辞手法和技巧，增加艺术色彩和审美情趣，形成浓缩的语言、精辟的文字和绝妙的组合，使广告语简洁、生动、凝练、优雅、新颖，具有感染力和吸引力，表现出均衡美、联系美、含蓄美、简洁美、繁复美、韵律美。语言的艺术化还可以使主题形象及广告语产生特有的文学价值和独特的艺术魅力。

1. 均衡美

均衡美是美学的基本原则之一，建筑、绘画、音乐、舞蹈都追求均衡美。均衡，也是语言艺术的基本原则之一，广告语中均衡美尤为重要。

（1）以对仗表现对称美

形象和广告语中并列对仗形式最为常见，由于上下两句的音节字数相等，布局匀称，念起来上口，具有优美的节奏和韵律。

（2）以排比表现整齐美

排比结构相同，句意相类，句式整齐且富有气势，给人以整齐划一的美感。

2. 联系美

联系是美学的一个基本原则，也是语言美的一个基本原则。形象及广告语如果单纯地就事论事，就会显得平淡寡味，缺乏艺术感染力；如果与有意义或相似的事物联系起来，而且联系得自然、合理、巧妙，就会产生联系美。产生联系美的手段主要有比喻、比拟、比照、夸张等。

（1）运用比喻表现联系美

本体和喻体具有相似性，自然就会有某种联系。

（2）运用比拟表现联系美

拟体和被拟体如果联想奇特，就对旅游者产生吸引力。

（3）运用比照表现联系美

通过比较、对照突出主题形象，产生联系美。

（4）运用夸张表现联系美

一般来说，广告语或多或少都带有夸张色彩，只是夸张的方式和程度有所不同。当把旅游主题夸大成某一事物时便产生了联系美。

3. 含蓄美

"水中花，雾中月"是种朦胧美。形象语言要言犹未尽，欲说还休，但必须让旅游者一点就透，绝不能一头雾水。

4. 简洁美

古人作文讲究"疏密"。刘勰《文心雕龙》说："句有可削，足见其疏；字不得减，乃知其密。"所谓"疏"，就是简洁，"密"就是繁复。疏密皆美，只要恰如其分，契合主题形象的特点。文字简洁就显得凝练、厚重，言简意赅，洗练流畅。好的广告语言常常是字斟句酌，有时力求字少，乃至一字传神，这样才能显出简洁美。

5. 繁复美

单瓣的桃花有种简约美、纯洁美，但多瓣的桃花显得雍容华贵，是一种繁复美。为了强调主题、突出重点，有时就要用墨如泼、极度渲染。

6. 回环美

有些广告语句式排列讲究，用回环的手法展现了特有的节奏，给人留下深刻的印象。如世界之窗——您给我一天，我给您一个世界；宋城——给我一天，还你千年；乐山——佛是一座山，山是一座佛；黄山——天地之美，美在黄山；人生有梦，梦圆徽州；新疆富蕴——来富蕴，福运来；贵阳——避暑之都、森林之城，城中有山、山中有城。河南栾川鸡冠洞旅游景区的著名景点"情侣石"

的形象广告语是"千年一吻，一吻千年"，既有主题的意蕴美，又有语言的回环美，该景点的形象设计者将拥抱为一体的两块石笋定名为"一吻千年"，将两块即将上下连为一体的石乳和石笋——"天地之和"升华为"天作之合"，更名为"千年一吻"，通过移花接木，化平庸为神奇，使该旅游景区从"不温不火"到"一吻爆棚"。

7. 韵律美

表现韵律美，可以使用结构相同的一组整句，如青岛——心随帆动，驶向成功；贵州——多彩贵州，醉美之旅。以上两组合辙押韵，读来抑扬顿挫、韵味十足。整句与散句各有所长，正如金兆梓所言："偶句之妙在凝重，奇句之长在流利。"因此，可以使用结构不同、长短不一的散句，以使语言多彩多姿、富于变化，只要适应语意的需要，即可收到异曲同工之效。如瑞典——是奇妙的，即使是冬季；承德——游承德，皇帝的选择；内蒙古——自然、纯洁、浪漫，圆您梦中情结。

第二章 旅游景区开发

第一节　旅游景区概述

随着人们对旅游活动的需求越来越大，旅游产业逐步成为很多地方社会经济发展的重要组成部分，旅游规划应运而生。旅游景区是旅游活动的核心和空间载体，是旅游系统中最重要的组成部分，也是激励旅游者出游的最主要目的和因素，是一个国家人文资源和自然资源的精华。迎合旅游需求，充分挖掘地区资源，规划设立起各式各样的旅游景区接待旅游者，对当地旅游业的发展尤为重要。

旅游景区是旅游产业的核心要素，是旅游产品的主体成分，是旅游消费的吸引中心，了解旅游景区应当从景区的概念和特征开始。

一、旅游景区的概念

旅游景区，是指具有吸引旅游者前往游览的吸引物和明确划定的区域范围，能满足旅游者参观、游览、休闲、度假、娱乐、求知等旅游需求并能够提供必要的各种附属设施和服务的旅游经营场所。这个概念从旅游产品的需求和供给两方面界定了旅游景区的内涵、外延和构成要素，具体可从以下几方面来理解：

（一）旅游景区具有开展旅游活动的吸引物

旅游活动的吸引物也称景观，是对旅游资源开发和利用的结果，是旅游景区的核心，也是构成旅游景区文化内涵和特殊活动的基本要素。不论是以自然风光为主体的旅游景区，还是以人文景观为主体的旅游景区，都必须具有对旅游者有较强吸引力的吸引物并以这种吸引物的文化内涵和活动内容而区别于其他不同的旅游景区。如果吸引物的美学特点不突出、缺乏文化科学内涵、活动内容不丰富，那么就不可能形成具有特色的旅游景区。

（二）旅游景区具有明确划定的地域范围

通常不同旅游景区的规模差别比较大，但它们不论大小都有一个相对明确划定的地域范围。对旅游景区地域范围的划定主要以旅游景区的主体吸引物为标准，即每个旅游景点都有多个不同特色的主体吸引物并以此为核心组合成一个旅游景区，因此，任何旅游景区的开发都是在确定的地域范围内进行规划设计、开发建设和经营管理的。

（三）旅游景区具有满足旅游者需求的综合性服务设施

旅游活动是一项包含食、住、行、游、购、娱六大要素的综合性活动，因此，旅游景区必须有相应的基础设施和接待设施与之配套，必须提供综合性的旅游服务以满足旅游者的各种需求，才能名副其实。

（四）旅游景区是专门的旅游经营场所

从旅游的经济效益这个角度看，任何旅游景区都是为了实现既定目标和效益，按照国家有关法律规定而依法成立的经济实体，设置有专门的经营管理机构，具体负责旅游景区的经营和管理的。

二、旅游景区的特征

虽然不同类型的旅游景区有着不同的特征，但总的来说，旅游景区具有以下几点共性特征：资源密集性、文化独特性、要素综合性。

（一）资源密集性

这里的资源不仅指旅游资源，因为旅游景区是各种资源集聚的场所，如自然资源、旅游资源、资金资源、智力资源、人力资源等。从旅游景区的规划、开发建设到管理，无不需要上述资源的配合，如旅游景区的发展要以自然资源和旅游资源为基础，旅游景区的规划创新和建设发展需要智力资源和资金资源的支持，而旅游景区的经营和管理又离不开优秀的人力资源。可见，现代的旅游景区已经不再是以旅游资源作为基础的单一资源密集型主体，而是多种资源综合而形成的。

（二）文化独特性

文化的独特性是旅游行为的根本推动力，因此，作为一个独立的旅游景区，能够表现出某种文化特征和形态极为重要。这是旅游景区永续发展和具有竞争力的关键。一般而言，旅游景区在制订发展规划时就需要进行主题的选择，即将某种文化作为本旅游景区的独特吸引力。在旅游景区规划内也有一种"景观与文化"的说法：旅游景区可以是"假景观"（即人造景观），但是文化一定要是真的，即要让旅游者在游览旅游景区的过程中真实地感受到文化的氛围。"真景观，无文化"或者"假景观，无文化"的旅游景区都无法长久地维持下去。比较典型的如美国著名的主题乐园——迪士尼，虽然其内部景观均为人造，但是始终传递给旅游者一种快乐的文化理念，因此，获得了巨大的成功。

（三）要素综合性

这里的要素主要是指旅游景区内部的功能服务要素。以前的旅游景区以观光功能为主，其他功能要素发展较为落后，而现代旅游景区在人本主义和体验经济时代的影响下出现了一个重要的发展趋势：即旅游景区功能日趋多元和综合，食、住、行、游、购、娱六大要素在其内部都可以轻易找到。

三、旅游景区的类型

对于旅游景区类型的划分，人们根据需要建立了几种分类方法，如从功能上看，有观光型、度假型、体育娱乐型、探险型、宗教型等；从属性上来看，有自然型、人文型、自然人文复合型和人工型。从我国旅游景区目前的表现形式来看，主要有风景名胜区、旅游度假区、森林公园、自然保护区、地质公园、水利风景区、旅游主题公园、国家文物保护单位、工业旅游示范点与农业旅游示范点几种类型。

（一）风景名胜区

风景名胜区是国家法定的区域概念。风景名胜区按其景物的观赏性、文化性、科学价值和环境质量、规模大小、游览条件等划分为两级，即国家级风景名胜区和省级风景名胜区。自然景观和人文景观能够反映重要自然变化过程和重大历史文化发展过程，基本处于自然状态或者保持历史原貌，具有国家代表性的，可以申请设立国家级风景名胜区。

风景名胜区有的以自然风光为主，名胜古迹为辅，其面积没有严格的限制。国务院批准的国家级风景名胜区大都在 100～300 平方千米。一个较大的风景名胜区往往包含若干个景区。

（二）旅游度假区

旅游度假区是环境质量好、区位条件优越，以满足旅游者康体休闲需要为主要功能并可以为旅游者提供高质量服务的综合性景区。其主要特征是：对环境质量要求较高，区位条件好，服务档次和服务水平高，旅游活动项目的休闲、康体特征明显。

旅游度假区的旅游项目主要是以满足旅游者身心健康、精神愉快、感受深刻为目的。旅游度假区的项目包括娱乐类：水上娱乐项目、划船、垂钓、歌舞、棋牌、观看文艺演出等；体育类：游泳、高尔夫球、网球、门球、保龄球、壁球、骑马、射箭、射击、潜水、滑板、冲浪、滑雪、滑冰等；健身类：健身房、按摩、气功和医疗保健等。在旅游度假区众多的旅游项目中，高尔夫球、网球、游泳和健身是主要项目。

（三）森林公园

森林公园是指森林景观优美，集自然景观和人文景观为一体，具有一定规模，可供人们游览、休息或进行科学、文化、教育活动的场所。森林公园是为满足人们走向自然、返璞归真的需要发展起来的。长期生活在都市的人们，通过森林旅游，不仅可以享受大自然的温情，强身健体，还能调节和充实生活、陶冶情操。富有特色的森林旅游已成为当今人们的一大消费走向。

我国的森林公园分为国家森林公园、省级森林公园和市、县级森林公园，其中国家森林公园是指森林景观特别优美，人文景物比较集中，观赏、科学、文化价值高，地理位置特殊，具有一定的区域代表性，旅游服务设施齐全，有较高的知名度，可供人们游览、休息或进行科学、文化、教育活动的场所，由国家林业局（今国家林业和草原局）作出准予设立的行政许可决定。国家级森林公园是我国自然保护地体系中的重要组成部分，是普及自然知识、传播生态文明理念的重要阵地，也是森林生态旅游的重要载体。我国境内最早的国家级森林公园是 1982 年建立的张家界国家森林公园。

（四）自然保护区

自然保护区是指对有代表性的自然生态系统、珍稀濒危野生动植物物种的天然集中分布、有特殊意义的自然遗迹等保护对象所在的陆地、陆地水域或海域，依法划出一定面积予以特殊保护和管理的区域，主要供技术研究使用，也可在不违反自然生态保护的原则下局部开放为观光游览场所。

《中华人民共和国自然保护区条例》中规定，凡具有下列条件之一的，应当建立自然保护区：典型的自然地理区域、有代表性的自然生态系统区域及已经遭受破坏但经保护能够恢复的同类自然生态系统区域；珍稀、濒危野生动植物物种的天然集中分布区域；具有特殊保护价值的海域、海岸、岛屿、湿地、内陆水域、森林、草原和荒漠；具有重大科学文化价值的地质构造、著名溶洞、化石分布区、冰川、火山、温泉等自然遗迹；经国务院或者省、自治区、直辖市人民政府批准，需要予以特殊保护的其他自然区域。

自然保护区分为国家级自然保护区和地方级自然保护区。在国内外有典型意义、在科学上有重大国际影响或者有特殊科学研究价值的自然保护区，列为国家级自然保护区；除国家级自然保护区外，其他具有典型意义或者重要科学研究价值的自然保护区列为地方级自然保护区。地方级自然保护区可以分级管理，具体办法由国务院有关自然保护区行政主管部门或者省、自治区、直辖市人民政府根据实际情况规定，报国务院环境保护行政主管部门备案。

自然保护区内部大多划分成核心区、缓冲区和试验区三个部分。核心区是指保护区内未经或很少经人为干扰过的自然生态系统的所在，或是虽然遭受过破坏，但有希望逐步恢复成自然生态系统的地区。该区以保护种源为主，又是取得自然本底信息的所在地，而且还是为保护和监测环境提供评价的来源地。核心区内严禁一切干扰。缓冲区是指环绕核心区的周围地区。只准进入从事科学研究观测活动。实验区也称为外围区，位于缓冲区周围，是一个多用途的地区，我们可以进入从事科学试验、教学实习、参观考察、旅游及驯化、繁殖珍稀、濒危野生动植物等活动，还可包括一定范围的生产活动，还可有少量居民点和旅游设施。

（五）地质公园

地质公园是自然公园的一种，是由联合国教科文组织在全球地质公园网络计划研究中创立的新名词，是指具有特殊地质科学意义、稀有的并具有极高美学价值的自然区域。这些特征对该地区乃至全球地质历史、地质事件和形成过程具有重要的对比意义和研究价值，并具有极高的科普教育和旅游观赏价值。

地质遗迹不仅是地质研究的基地，也是科普教育的基地。积极地保护和合理地利用地质遗迹资源将会带动地方经济发展，增强生态环境保护力度，是功在当代、造福子孙的事业，也是地质工作服务社会和经济发展的重要方面。

（六）水利风景区

水利风景区是指以水域（水体）或水利工程为依托，具有一定规模和质量的风景资源与环境条件，可以开展观光、娱乐、休闲、度假或科学、文化、教育活动的区域。水利风景区在维护工程安全、涵养水源、保护生态、改善人居环境、拉动区域经济发展诸方面都有着极其重要的功能。加强水利风景区的建设与管理，是落实科学发展观、促进人与自然和谐相处、构建社会主义和谐社会的需要。

水利部主管全国水利旅游工作，县（含县级市、区，下同）以上水利行政主管部门主管本行政区域内的水利旅游工作。跨行政区域或不隶属于本级水利行政主管部门管理的水利工程的水利旅游工作由上一级水利行政主管部门负责管理。水利旅游景区按其景观的功能、文化和科学价值、环境质量、规模大小等因素可划分为三级，即国家级、省级、县级水利旅游景区。

（七）旅游主题公园

旅游主题公园是为了满足旅游者多样化休闲娱乐需求而建造的一种具有创意性游园线索和策划性活动方式的现代旅游目的地形态。人为创造或移植一个当地不存在的自然或人文景观，或将反映一定主题的现代化游乐设施集中在公园里，再现特别的环境和气氛，让旅游者参观、感受和体验、参与，达到增长见识和娱乐休闲的目的。主题公园按内容可以分为以下几种：表现历史文化和风俗风情的写实性主题公园；演绎生命发展史、展望未来、探索宇宙奥秘、科学幻想、表现童话世界和神话世界的主题公园；表现世界各地名胜的主题公园；

以表现自然界生态环境、野生动植物、海洋生态为主的仿生性主题公园；以文学影视为主题，再现作品情节和场景的示意性主题公园；游乐园和游乐场。

（八）国家文物保护单位

文物是遗存在社会上或埋藏在地下的历史文物遗物，一般包括与重大历史事件、革命运动和重要人物有关的，具有纪念意义和历史价值的建筑物、遗址、纪念物等；具有历史、艺术科学价值的古文化遗址、古墓葬、古建筑、石窟寺、石刻等；各时代有价值的艺术品、工艺美术品、革命文献资料及有历史、科学和艺术价值的古旧图书资料；反映各时代社会制度、社会生产、社会生活的代表实物等。对于文物，一要保护，二要利用，所以，文物是发展旅游业的重要资源。核定为文物保护单位的可以依法建立博物馆、保管所或者开辟为参观游览场所。例如，北京的天安门广场、故宫博物院等既是第一批全国重点文物保护单位，也是国内外著名的重点旅游参观点。国家文物保护单位可以自成一个景点景区，如北京天坛、敦煌千佛洞，也可以是大型风景名胜区和森林公园等景点的组成部分。

文物保护单位分为三级，即全国重点文物保护单位、省级文物保护单位和市县级文物保护单位。文物保护单位根据其级别分别由中华人民共和国国务院、省级政府、市县级政府划定保护范围，设立文物保护标志及说明，建立记录档案，并区别情况分别设置专门机构或者专人负责管理。国务院文物行政部门在省级、市、县级文物保护单位中，选择具有重大历史、艺术、科学价值的确定为全国重点文物保护单位，或者直接确定为全国重点文物保护单位，报国务院核定公布。省级文物保护单位，由省、自治区、直辖市人民政府核定公布，并报国务院备案。市级和县级文物保护单位，分别由设区的市、自治州和县级人民政府核定公布，并报省、自治区、直辖市人民政府备案。尚未核定公布为文物保护单位的不可移动文物，由县级人民政府文物行政部门予以登记并公布。

纪念物、艺术品、工艺美术品、革命文献资料、手稿、古旧图书资料及代表性实物等文物，分为珍贵文物和一般文物两类，其中珍贵文物分为一级、二级、三级。

（九）工业旅游示范点与农业旅游示范点

工业旅游示范点是指以工业生产过程、工厂风貌、工人工作生活场景为主要旅游吸引物的旅游点；农业旅游示范点是指以农业生产过程、农村风貌、农民劳动生活场景为主要旅游吸引物的旅游点。

大力发展农业旅游和工业旅游，对于促进经济结构调整，丰富和优化旅游产品，扩大就业与再就业，加强第一、第二、第三产业之间的相互渗透与共同发展，具有十分重要的意义。

四、旅游景区的地位与作用

旅游景区不仅是旅游产品的核心和旅游业的重要支柱，而且对旅游目的地的经济发展、社会文化进步、资源和生态环境保护都具有十分重要的促进作用。

（一）旅游景区是旅游产品的核心

旅游景区是旅游产品的核心部分，它满足旅游者出游的最基本需求。从旅游产品的构成情况看，旅游景区既是旅游产品的核心要素，也是激发人们旅游动机、吸引旅游者的决定性因素。没有旅游景区，就没有旅游产品，也就没有现代旅游的发展。

（二）旅游景区是现代旅游业的重要支柱

旅游业是一个综合性的经济产业，其不仅包括向旅游者提供食、住、行、游、购、娱为核心的直接旅游服务，同时，也包括为旅游者提供的其他间接服务，因此，旅游业的综合性特点决定了旅游产业结构的多元化特征。旅游业包括向旅游者服务的旅游交通业、旅游酒店业、旅游餐饮业、旅游景区业、旅游娱乐业、旅游购物业和旅行社业等。旅游景区业是发展旅游必不可少的行业，因此，旅游景区业被誉为现代旅游业的重要支柱之一。若没有旅游景区业的发展，则旅游交通业、旅游酒店业、旅游餐饮业、旅游景区业、旅游娱乐业、旅游购物业和旅行社业就不能健康发展，也不能带动其他各个相关行业和部门的发展。因观光旅游、度假旅游而发展起来的旅游景区，是促使旅游者外出旅游的原因，直接带动了旅游相关行业的发展，满足了旅游者的各种需求。可以说，旅游业的发展始于旅游景区的崛起。

（三）旅游景区对所在地经济发展的促进作用

旅游景区的开发和建设不仅对所在地的旅游发展具有重要的作用，而且直接促进了旅游景区所在地国家或地区的经济发展。一方面，旅游景区通过接待旅游者、收取门票费和提供配套设施和服务，直接创造大量的旅游经济收入和税收收入，既增加了旅游景区所在地居民的收入，又增加了地方政府的财政收入，尤其是一些专门为旅游者开发和建设的旅游景区，还能够为投资者带来大量的投资收益。另一方面，随着旅游景区的开发建设和经营，直接和间接带动了旅游景区所在地的膳宿服务业、交通运输业、邮电通信业、商业服务业、建筑建材业和医疗救护、农副产品加工及各种后勤保障等方面的发展，从而发挥出旅游景区的乘数效应和关联带动效应，促进旅游景区所在地社会经济的整体发展。

（四）旅游景区对所在地社会文化的促进作用

旅游景区作为一种具有物质实体的旅游企业，其开发建设和经营管理都需要大量的人才，因此，随着旅游景区的建设和发展，必然为旅游景区所在地提供大量的就业机会，促进旅游景区所在地的劳动就业、提高国民经济收入和生活水平，同时，通过旅游景区的开放和经营，不仅向国内外旅游者展示了各种各样的自然景观和文化特色，促进了旅游者与旅游景区所在地居民的文化交流，而且来自世界各国、各个地区的旅游者带来了世界各地的大量信息和不同的生活方式，对旅游景区所在地的社会文化发展也具有一定的促进作用。尤其是与国内外旅游者的大量接触，使旅游景区所在地居民了解更多的异域文化和不同的生活方式，学习更多的文明礼貌、礼仪礼节，促进旅游景区所在地社会文化的发展和精神文明的建设。

（五）旅游景区对所在地资源和环境保护的促进作用

具有独特的景观、优美的环境、丰富的文化内涵的旅游景区，不仅是吸引旅游者的决定性因素，也是旅游景区开发和建设的关键，因此，为了开发建设具有特色和吸引力的项目，塑造自身的良好形象，旅游景区必然促使人们在其建设和发展中高度重视对旅游资源的保护和旅游环境的美化，从而有利于改善其所在地的环境质量。

五、旅游景区未来发展趋势

（一）价格战逐渐消失

未来旅游景区散客旅游者所占的市场份额将越来越大，团体旅游者将会缩短中间渠道，从组团社实现直接采购，直接与旅游景区联系，地接社仅提供导游服务等工作（主要收导服费而不是购物和加点的灰色收入），取得合理的劳务收入。

旅游景区在越来越激烈的竞争中认识到，仅依靠价格战，无异于饮鸩止渴，根本无法发展壮大。旅游景区只有实现营销渠道自我控制能力的加强，努力实现客源市场的多元化和自主化，才能回归良性发展的道路，才会有更多的资金用于对外广告宣传、提高服务质量和进一步投资开发，发展壮大。中国未来的旅游模式将会发生重大转变。谁能在这场变革中提前作好准备工作，顺应市场变化发展的潮流，谁就能主动掌握市场，赢得先机，立于不败之地。

（二）旅游景区信息化趋势

未来，信息化将占据旅游景区营销手段的主体并占据市场费用的70%以上。电子商务将成为旅游景区延伸服务、扩展空间的新领域，在这个领域里将出现创新型的企业。先进技术的采用和革新对企业开发新产品和长期占据市场产生重要的影响。

（三）旅游景区集团化的趋势

未来旅游景区集团化的趋势将逐步显现出来，咨询顾问将更显重要，业务细分将成为必然。投资主体多元化将导致旅游景区经营管理跟不上，经营状况需要改善。旅游者对于旅游景区服务质量要求不断提高。政府对于利用旅游进行招商引资和引智更加重视，希望通过旅游景区良好的现金流和市场形象吸引外来投资者。经过国内旅游景区几轮的发展，外来投资者关注中心已经从"占景区"到"策划景区"再到"管理景区"。逐步的"管理出效益"已经成为业内共识。

（四）"智慧景区"发展趋势

随着互联网、移动互联网、信息通信技术等高新科技产业的发展，当今，"智慧旅游"已成为旅游业发展的重要组成部分，且具有巨大的发展潜力，对智慧旅游产业的开发不仅能促进旅游业全方位发展，提高旅游产品的多样性，同时，也是适应现代化科技发展的要求，无疑其将成为我国旅游业转型发展的必然方向。

第二节　旅游景区开发理论基础

一、旅游景区开发概述

（一）旅游景区开发的定义

从目前来看，旅游景区开发是指依据当地条件，投入适当的资金，运用科学技术手段，通过科学的调查、评价、规划、建设、经营等使旅游景区未被利用的资源得以利用，已被利用的资源在深度和广度上得到加强的过程。

旅游景区开发是一项综合性和全面性的工作，其主要内容，除了对各类旅游吸引物进行选择、布局、改善外，还包括旅游供应设施、市政工程、公用事业设施的兴建、管理，接待机构的建立和旅游地工作人员的培训等。

（二）旅游景区开发的类型

1. 按开发形式划分

①新建旅游景区，即对原本未开发的旅游景区资源进行开发利用的旅游景区。

②旅游景区的改造，是对原有旅游景区的更新。

③旅游景区的扩建，由于市场需求的增加，旅游景区的原有规模不再适应旅游需求的要求，在现有的旅游景区基础上进行扩大，投资新的项目，建设新的景点。

④旅游景区内服务设施的增加，如增加新的饭店、餐馆、购物商店，以改善服务或鼓励旅游者二次消费。

⑤创办新的活动项目，如节庆活动、民俗节、大型会议、体育赛事等需要进行大量的开发和改造。

2. 按开发的对象划分

①资源型旅游景区开发，包括风景名胜区、森林公园、历史文化名城、自然保护区、世界自然文化遗产和地质公园的开发。

②主题型旅游景区开发，包括旅游度假区、观光休闲区、生态旅游区、旅游扶贫开发试验区和主题公园的开发。

（三）旅游景区开发的特点

1. 多元性

旅游景区开发是一项综合性的技术工程，它不仅包括旅游吸引物，即风景资源体的开发，还包括旅游设施（旅游服务设施和基础设施）、内外交通的开发，必须充分考虑这些要素的科学配置和整合。

2. 多层性

旅游景区开发空间由范围大小不同的景点和景观、景物组成，因而在规划设计内容与标准上有不同的要求。

3. 动态性

旅游景区开发是一个动态的过程，具有空间动态性和时间动态性。旅游景区开发总是由小到大，由单一到综合。随着旅游景区开发时期的不同，市场供需会发生变化，对旅游景区开发的要求和规定不同，因此，通常将开发分为近期、中期和远期开发，不同时期的开发其开发标准和指标要求都不一样，这体现了旅游景区开发的动态性。

（四）旅游景区开发的原则

1. 独立性原则

旅游资源的开发应突出个性，充分揭示和发现其本身独有的特色，把各项旅游资源有机地结合起来，形成一个主题，以此来树立当地的旅游形象。有个性、有特色，就容易给旅游者留下深刻的印象。

2. 市场导向原则

旅游资源的开发应该以旅游市场的需求变化为依据，以最大限度地满足旅游者的需求为标准。旅游者的旅游动机和市场需求经常变化，旅游资源在市场竞争中随时面临着入时或过时，以及扩大或丧失吸引力的问题，因而旅游资源的开发，应注重旅游市场的调查和预测，随着市场的变化而选择开发重点，减少开发的盲目性。

3. 效益原则

旅游资源的开发，应注重提高其使用价值和吸引力，以较少的投资和较短的建设周期产生较大的经济效益。

4. 保护原则

旅游资源保护是开发利用的前提和基础，保护资源的目的是更好地利用，开发本身就意味着一定程度的破坏，盲目开发不加以保护，一定会使资源遭到破坏，无法可持续利用，损失是难以弥补的。

5. 综合原则

旅游资源往往存在多种不同类型，要通过综合开发，使吸引力各异的不同旅游资源结合为一个群体，使游客能从多方面发现其价值，从而提高其资源的品位，在旅游市场竞争中提高知名度。

6. 美学原则

美是吸引旅游者的关键。旅游资源开发应充分应用美学原理，注重多种美的结合、体现和传递，努力提高旅游资源的美感度，增加其吸引力。

7. 有序化原则

有序化开发的原则要求择优开发，保证重点。区域旅游的发展是一个渐进的过程。虽然可供开发的旅游资源数量众多，但应切实区分轻重缓急，在国家财力、物力还不雄厚，地方经济发展水平还不是很高的情况下，区域旅游不可能采取区域整体统一开发的方式，只可能首先在条件优越、基础较好的部分地区，实行择优发展战略，集中资金重点开发，按照先易后难、先急后缓、集小为大的发展时序，合理投资，稳步发展，为进行较大规模开发建设打好基础。

8. 三大效益统一原则

必须统一考虑经济效益、社会效益、环境效益三大效益，要避免单方面强调经济效益而忽视社会效益和环境效益的开发模式。

二、经济学理论

旅游开发是把旅游资源转化成旅游产业的技术过程，同时也是一种反映市场调研—资源开发—产品设计—项目建设—设施配套—产品形成、经营和管理的旅游经济的活动过程。在这一过程中，旅游开发应遵循经济学的一般原理，为建立或完善不同大小区域内完整的旅游产业体系，满足旅游者的需求，产生较高的综合效益服务。从经济学的角度看，旅游开发必须进行产业投资机会分析、旅游市场调研与策略研究、旅游供给与需求研究及旅游效益评价。

旅游开发既是资源的开发，也是市场的开发。资源开发是旅游开发的基础，市场开发是旅游开发的前提。只有市场的存在，才能使资源优势转化成经济优势，促进产业的形成与完善。旅游开发中，旅游市场调研是第一位的。它是以旅游者为核心，综合分析旅游者产生的社会与经济基础、个体特征、需求状况、旅游产生地与接待地的空间相互关系、客流量大小及流量时空分布规律和发展趋势，最终进行市场定位。在此基础上，利用旅游市场中的竞争机制、价格机制等确定旅游市场经营的策略，达到争夺旅游者、争夺旅游中间商、提高旅游市场占有率的目的。

旅游开发的目的就是使资源得到永续利用，生态环境得以保护，人民生活质量得以提高，最终取得良好的社会效益、经济效益和环境效益的统一。因此，旅游开发必须考虑效益，在宏观上要进行收益与成本比较，在微观上就旅游业某一企业进行投入—产出分析，核算成本，评价经营成果。总之，运用经济学的原理与方法可以使旅游开发立足市场，面向消费，合理开发资源，优化产品结构与项目，体现旅游开发的经济性与市场性，达到开发的目的。

三、区位论

区位论创始于 19 世纪初，迄今为止，它的研究和应用范围已遍及农业、工业、商业、贸易、城市等领域。旅游区位论的研究却相对较晚，开始于 20 世纪五六十年代。克里斯塔勒首先对旅游区位进行了研究。他认为影响旅游活动的区位因素可分为 12 项，即气候、风景、体育活动、海岸、温泉和疗养地、艺术、古迹和古城、历史纪念地、民间传说和节日庆典、文化节目、经济结构、交通中心，并从旅游需求（旅游客源地）出发，采用经验和行为研究方法进行研究。由于在研究过程中忽略了旅游供给等因素，他最终没能建立起一个旅游应用的理想空间模式。直到美国学者克劳森提出旅游区位3种指向和德福特提出旅游业布局5条原理后，旅游业的区位理论研究才有了实质性进展。

旅游开发，其实质是旅游业及其各产业部门在一定地域的布局、配置过程，本身就是区位研究与实践的过程，需采用区位论的原理与方法来指导。

旅游开发的区位研究应侧重以下几个方面：

第一，旅游开发的区位选择。主要指旅游开发选择什么样的地域进行，开发地地理位置如何，有哪些区位优势，面向怎样的客源地，开发地（接待地）与客源地之间空间的相互关系是互补性还是替代性，开发地可达性如何。其目的是为旅游活动确定最佳的场所。旅游开发区位的选择是一个动态过程，有次序性、等级性，从而形成范围不同、等级有异的旅游区域。

第二，旅游交通与路线布局。旅游交通与路线是联系开发地与客源地的旅游通道，其布局研究与实践是实现游客"进得来、散得开、出得去"与物资及时供应的前提和保证。

第三，旅游产业选址与规模、结构确定。主要指旅游的活动中"六大要素"的空间布局，最终确定合理的空间结构和规模。

第四，不同大小旅游地域空间组合结构及其演变特征研究。主要包括旅游区等级系统划分与功能分区、旅游项目与基础设施的空间安排、旅游基地建设及它们在一定空间组织结构的旅游区域。

第五，旅游开发的区域分析与区域模型研究。

第六，旅游开发中位址选择的方法研究。位址选择即位址预测，不仅要依赖区位理论，而且要依赖研究者、开发者、经营者的经验。通过可行性研究，包括投资商的销售策略，市场区的社会特征、经济特征、交通设施，所选择位址的自然适宜性等，确定分析法。

四、美学原理

爱美是人的天性。旅游是现代人对美的高层次的追求，是综合性的审美实践。旅游开发的任务就是在现实世界中发现美，并按照美学的组合规律创造美，使分散的美集中起来，形成相互联系的有机整体，使粗糙、原始的美经过"清洗"变得更纯粹、更精致、更典型化，使易逝性的美经过创造和保护而美颜永驻、跨越时空、流传久远。美的最高境界是自然的意境美、艺术的传神美、社会的崇高美和悲壮美，这也是旅游开发中所追求的最高目标。旅游空间和景物美学特征越突出，观赏性越强，知名度越高，对旅游者的吸引力就越大，在市场上竞争力也就越强。

旅游开发实践就是创造出人间优美的空间环境和特色众多的景物，使旅游者在美好事物面前受到感动和激励，得到美的陶冶和启迪，使视野更加开阔、品格更加高尚、灵魂更加纯洁，在精神上得到最大的满足和愉悦。

五、系统论

在社会生产力高度发展的现代，旅游业已是一个从资源、环境、经济和社会分离出来的新的结构复杂、功能综合、因素众多的产业系统。这一大系统由市场系统、通道系统、接待系统和支持系统组成，它既具有经济、社会和环境综合的统一效益，又具有复合性特点，社会各部分只要达到美的境界，都有可能成为旅游业的一部分。

旅游开发的研究必须从建立旅游系统工程出发，坚持整体性原则、结构性原则、层次性原则、动态性原则、模型化原则和最优化原则。

（一）整体性原则

整体性原则就是要认识到旅游业是一个产业群体，同社会、经济、环境联系极为密切。产业中各部分、产业与环境之间存在着相互联系、相互制约和相互作用的关系。在开发中既要看到产业整体功能与效率，又要让各个部分在整体中得到发展，成为地区经济中新的增长点。

（二）结构性原则

旅游业各要素间的排列组合方式多样，有的是多项的，有的是双项的，还有的是单项的。产业结构的研究，可增强产业之间的联系，获得最优的整体性能。

（三）层次性原则

旅游开发是在一定空间范围内进行的。空间大小不同，内部组成产业也不同，从而构成不同空间层次、产业层次的网络体系。层次性是旅游开发的一大特点。

（四）动态性原则

旅游产业系统受内部要素和外部环境的影响，有其发展、变化的过程。在旅游开发时，要根据旅游业发展的不同阶段，确定不同的发展目标、规模和手段。同时，还要掌握旅游业今后的发展趋势，使旅游开发具有超前性和预测性。

（五）模型化原则

旅游产业系统是开放的系统，受多种因素的制约和干扰。为了更正确地认识和分析该系统，有必要设计出系统模型来代替真实系统，通过系统模型掌握真实系统的本质和规律。模型化的系统研究方法，不仅能使研究做到定性，而且有可能通过定量来达到研究目的。

（六）最优化原则

由于旅游产业系统具有综合性、复杂性的特点，旅游开发时可采用多种途径设计出多种各具特色的旅游开发方案，从中选择出最优的系统方案，加速旅游开发，促进旅游业的发展。总之，系统论理论与方法是指导旅游开发的有效方法，应在旅游开发实践中深入研究，并用以指导实践。

六、可持续发展论

（一）可持续发展的含义

可持续发展这个概念提出以后，人们对可持续发展的确切定义展开了热烈的讨论，并且从不同的角度为可持续发展下了定义，主要有以下几种。

1. 从自然属性上阐述可持续发展的定义

这个定义是由生态学家提出的，他们所关注的是生态持续性（Ecological Sustain-ability），即保持自然资源再生能力和开发利用程度之间的平衡。

2. 从社会属性上阐述可持续发展的定义

该定义是 1991 年世界自然保护同盟（FVCN）、联合国环境规划署（UNEP）和世界野生生物基金会（WUF）共同提出的，它以人类社会的进步、发展为目标，即强调人类的生活、生产方式与地球的承载力相协调，并最终落脚于促进人类生活质量和生活环境的改善。

3.从经济属性上阐述可持续发展的定义

经济学家理解可持续发展是将经济的发展作为其核心内容，从经济发展的资源支撑上理解可持续发展。可持续发展就是不降低环境质量和不破坏世界自然资源基础的经济发展。

该概念主要强调了两个方面的内容：首先，可持续发展的目的还是要满足人的各种需求，这些需求应放在第一位来加以考虑；其次，可持续发展不能以破坏后代人满足自身需求的能力为代价，这里实际上讲的是人对周边环境产生影响的度的问题，即人们在追求自身需求得到满足时，不能以牺牲环境为代价。环境与需求满足之间是相互依存、缺一不可的，可持续发展只有从上述两个方面来把握才能抓住其本质内容。

（二）可持续发展的原则

虽然可持续发展从定义上看只是需求和环境两个方面的内容，但是其深层次所包含的意义却是相当复杂的，基本上可以从以下四个原则来加以表述。

1.公平性原则

公平性原则（Fairness）是可持续发展理念与人类社会之前的各种发展理念之间的重大区别。公平性在传统的发展模式中没有得到足够的重视，传统的经济理论纯粹是为了生产而生产，没有考虑到未来各代人的利益，于是就产生了许多为了眼前效益而破坏宝贵环境资源的短视行为。可持续发展中的公平性是指人类满足自身需求的机会对每个人来说都是均等的，因为满足自身需求是发展的主要目标。但在现实中，人类满足自身需求的能力却存在许多不公平因素，诸如同代人之间、不同代人之间，以及资源的分配等方面。

因此，可持续发展的公平性要从下列3个方面来理解。

（1）同代人之间的公平性

即同代人均有相同的机会满足自身基本需要以及获得更好生活的需求。贫富差距悬殊、两极分化明显的世界给实现可持续发展造成了极大的障碍。因此，我们要将消除贫困作为实现可持续发展的第一个步骤，使地球上生活的人能共同拥有满足生活基本需求的机会。

（2）代际间的公平

即不同世代人之间的纵向公平性。不同世代的人都同样生活在这个地球上，下一代人应该和本代人一样平等地享有满足其需求的机会。然而，地球上的资源是有限的，如何开发和利用才能既满足本代人需求又不损害人类世世代代满足需求的权利，是实现代际间公平的关键。

（3）分配有限资源的公平性

地球上的每个人均对有限的资源享有相同的使用权利。可是现实中，却是少数人使用了大量的资源；而大多数的人只能分配到一小部分，这尤其表现在发达国家和发展中及落后国家之间。发达国家对能源、矿藏等有限资源的拥有和消耗量远远大于多数发展中国家，而世界上人口又大多分布于发展中国家，这就产生了不公平因素。可见，可持续发展对公平性的要求是十分全面的，这种公平性要求当代人在考虑自己的需求和消费时，也要对未来各代人的需求与消费负起责任，保证各代人都有同样的选择发展的机会。

2. 可持续性原则

所谓的可持续性（Sustainability）是指生态系统在受到外界的某种干扰时，能够保持其生产率的能力。资源和环境是人类社会赖以存在的基础，因而保持资源与环境的可持续性是人类社会持续存在的前提。资源和环境的可持续，要求人们在生活和生产中对环境和资源进行保护式使用，在消耗方式和消耗量上对自己的行为加以约束。具体而言，可持续性原则要求人们放弃传统的高消耗、高增长、高污染的粗放式生产方式和高消费的生活方式，鼓励进行生态化的生产和适度消费，尽可能避免给环境造成破坏。从上述分析不难看出，可持续性原则的核心内容就是人类社会的经济和社会发展要和环境的承载力相协调，不能超过资源与环境的承载能力。

3. 共同性原则

在可持续发展中，共同性（Common）包括了两个含义：其一，人类社会发展的目标是共同的，即实现公平性和持续性的发展；其二，人类拥有共同的环境和资源，为了实现持续发展的目标必须采取全球共同的联合行动。因此，共同性原则需要人们形成一种相同的意识，即在满足自身需求时考虑到对他人（包括前代人和后代人）和生态环境的影响，切实保证人类共同资源的可持续利用，实现人与人以及人与自然之间的动态平衡。

4.需求性原则

传统发展模式以传统经济学为支柱，所追求的目标是经济的增长，发展效果通过国民生产总值来反映，这种发展模式忽视了资源的代际合理配置，通过市场信息来刺激当代人的生产活动。它不仅使世界资源环境承受了前所未有的压力，资源环境不断恶化，而且人类的一切基本物质需要仍然得不到满足。而可持续发展则坚持公平性和长期可持续性原则，以满足所有人的基本需求（Demand）和向所有人提供实现美好生活愿望的机会。

（三）可持续发展理论对旅游规划的指导意义

旅游业是社会发展的重要组成部分，是国家经济不可缺少的要素。因此，旅游业的可持续发展对国家经济的发展有着十分重要的意义。但是长期以来旅游的开发模式是典型的粗放型模式，将旅游业的发展看成一种数量型的增长和外延型扩大再生产，因而导致了旅游资源的盲目开发，缺乏深入调查研究和全面科学论证、评估与规划，旅游区的环境也遭到了严重的破坏。所以，在旅游规划和开发中，要以可持续发展理论作为工作的依据之一，保持人类享受资源的公平性，严格控制出现急功近利、重开发轻保护，甚至只开发不保护的现象。对于旅游资源的开发，应进行科学的论证，只有在技术和资金到位的前提下才能进行，否则，应继续等待开发时机。旅游开发中还要注重旅游区的环境问题，不能一味追求经济效益。旅游规划开发人员应树立社会效益和生态环境效益的观念，切实保证旅游活动与生态环境的协调，实现旅游的有序发展，走可持续发展的道路。

第三节　旅游资源开发方法

一、旅游开发方式

旅游资源所有权与开发经营权分离是近年来意见分歧非常大的问题，也是对旅游资源开发利用、保护和旅游景区管理产生重大影响的问题。其中，地方政府是从加快开发利用和促进地区经济与旅游业发展的需要出发，投资者则看到了旅游资源的市场价值和开发利用的效益前景，两相结合，就导致越来越多的地方政府顶着压力、冒着风险进行两权分离、开发经营权整体转让的实践探索。各级旅游行政管理部门从充分利用资源和更好满足旅游者消费及旅游业发展需要出发，积极支持旅游景区实行两权分离。主张尽快建立旅游资源统一管理体制的人也为数不少，但大部分旅游资源的管理者和实际占用者对此持不同意见甚至公开反对，认为出让开发经营权对资源和环境保护不利，并拿出了有关法律法规规定作为武器。

尽管旅游资源产权各方的根本利益是一致的——就是实现资源的充分、合理和永续利用，但在市场经济中，各产权主体都有自身相对独立的利益追求。对于旅游部门来说，通过开发利用资源满足旅游消费需求和促进旅游业发展是根本目的。因此，要从化解矛盾、减少阻力、加快开发、促进发展和有效保护出发，因地制宜地选择旅游资源开发经营方式。这也是一条比较现实可行的工作思路，因为是在承认各类旅游资源管理部门、占用单位作为资源所有权代表者、监督管理者、实际占有者和利益获得者的地位、合理性，尤其是利益的前提下，采取各方能够接受的方式来实现旅游资源的有效保护、科学开发、合理利用。

旅游资源由旅游部门集中统一管理只是一种脱离实际的理想化境界。现实中，各类旅游资源分属各部门管理，主要原因是这些资源的功能用途是多方面的，作为旅游资源供旅游消费和旅游经营服务使用后，其在其他方面的功能作用并没有消失或减弱。因此，如果资源功能对应的每一个行政主管部门都以资源为自身更好利用、更好满足自己所属领域的需要，提出以其为主管部门，结果必然是部门纷争，主管权的最终归属从理论上就将归属资源最主要功能对应的部门，实践中则是最先发现和发挥功能所对应的部门。从这个角度看，旅游资源的绝大部分只是后来为旅游所用，而且往往不是主要为旅游所用，提出对这类资源实行由旅游部门集中统一管理是绝对不可能的。即使是主要为旅游所用的资源，是否能够和有必要实行旅游部门主管，也要从所有权、占用权状况和成本费用、实际效果等方面来分析比较和研究决定。

从社会主义市场经济原则和我国旅游行业管理性质特征来看，对旅游资源，即使是其中的一部分，实行旅游部门的集中统一管理也是没有必要的。社会主义市场经济中的旅游行政管理是典型的"交通警察管交通"，道路、车辆、驾驶员、行人都是独立行为主体，但只要在路上行驶（行走），就必须遵守交通规则，违者纠正或处罚，而这些规则也是由法律法规和规范标准明确规定的。我国社会主义市场经济中的旅游行政管理，不再像传统的行业行政管理那样，人、财、物和产、供、销统统归其统一管理与组织调度指挥，而是这些方面和环节都不管，只是通过建立制度规范、制定技术标准来协调、引导旅游生产消费，平衡各市场主体的利益关系，保证旅游市场的平稳有序运转，实现最大产出、最优效果、最高效率。在这种情形下，具体的生产经营服务、投资开发决策、资源组织等，都是由作为独立市场主体的组织、人员去进行的，旅游生产经营所需要的资源来自于市场，靠市场来调节配置，资源所有者按市场法则和资源价值获取收入。所以，资源归谁所有、占用、主管，从理论和制度上看，对其利用有制约作用，但并不是决定性的。实践中，旅游资源所有者或其代表也即实际占用者和利益的主要分享者对开发利用采取限制、干预直至阻止、反对，除了公开宣称的担心破坏资源外，实际上不好公开说的就是担心自身利益受损。

　　旅游资源现实占用者实际上担心的主要是权属关系变动会影响其既得利益，如果通过调整使其利益得到保障并进一步增加，一般就不会反对。实践中，无论资源的现实占用者用何种理由来反对、阻止、限制、干扰旅游开发利用，其真实意图都是要保护既得利益。如果旅游开发使其所得到的利益增加，他们就更没有理由对此持反对态度。实际上，绝大部分旅游资源都在被其现实占用者自行用于旅游，但只要旅游部门或其他方面介入，他们就会提出种种不能进行旅游开发的理由，最常用也最经不起推敲的理由就是旅游开发破坏资源和环境，而只有他们是资源和环境的忠实保护者，资源只有在他们手中才不会造成破坏和浪费。当然，这些组织从占用资源上所获得的利益绝不仅仅限于门票等现金收入上，也不仅仅是经济方面的利益。因此，承认并使其利益增加，就必须全面核算其利益状况，能够承认、保护和实现的，就一定要保证。

　　要实现及时充分开发利用旅游资源的目的，应该根据资源性质和产权关系现实状况，选择相应的开发利用模式。从我国的实际情况看，可以选择的开发利用模式主要有：第一，资源所有者、占用者自己组织开发；第二，资源所有者、占用者与地方政府共同组织开发；第三，资源所有者、占用者与投资者合作开发；第四，资源所有者、占用者引进开发商，由开发商组织开发。在这四种主要模式中，由于具体的开发组织、投资和经营管理方式不同，还产生了更多的开发利用模式，如资源所有者、占用者自己组织开发，有利用自有资金投资、自行经营管理的，也有通过金融机构贷款融资投资开发为此专门组建一个开发经营组织的，等等。

总之，旅游部门介入旅游资源开发，目的主要是通过指导、规范、服务来实现资源更有效地开发利用和保护，提高旅游资源开发利用的效率、效益。只要不是想将通过开发利用所产生的收益据为己有，就完全能够获得有关各方，包括资源所有者、占用者、投资商、开发经营商的理解、支持和欢迎。但是不可否认，目前还有相当一部分旅游部门的人员脱不开部门利益甚至是本单位、本人的私利，想将资源拿到自己手中，所持理由当然也非常冠冕堂皇，这实际上直接影响了旅游资源开发和旅游业的发展。如果旅游部门真正脱离了本位利益，真心实意地帮助、指导资源所有者、占用者组织谋划开发利用资源，同时注重有效保护和可持续利用，结局定会大为不同。

二、旅游开发原则

为了保证开发的科学性和效果，许多国家和地区在旅游开发中都积累了丰富的经验，集中表现为旅游开发应该遵循的一些原则。掌握和遵循这些原则，是我国旅游开发中解决矛盾、弥补不足、取得预期成效的重要条件。

（一）资源依托、市场导向原则

这个原则是指旅游开发要以资源状况为基础，高度重视市场的需求状况、特征及其变动趋势。这是在市场经济条件下一切生产建设活动都必须遵循的原则，而旅游是天然的市场派，因此，其是作为旅游资源开发和项目建设的首要原则。在市场经济中，任何产品都是为别人的需要而生产的，都必须被需求方认可、接受，才能实现生产经营的目的，即实现价值由商品形态向货币形态的转化，实现赢利的目的。因此，尽管有"巧妇难为无米之炊"的朴素哲学和资源、条件决定生产和产品的经济学理论，但在现代技术和市场条件下，决定生产首先不是看能生产什么，而是要看市场需要什么和以什么方式、什么价格需要多少，然后去分析生产的条件、可行性和效益前景，进而决定是否生产、生产多少和在哪生产、如何生产、何时生产。

在旅游开发中突出资源依托、市场导向原则的特殊意义，首先在于旅游项目、产品全部都是为别人，也即为市场生产的，同样内容和功能的项目和产品，只要由生产者自行消费，就不是旅游项目和产品，这是由旅游的定义决定的。这一原则的特殊意义，还在于旅游资源转化为旅游项目和产品后，其外在特征变化不大，因此往往有人将旅游资源等同于旅游项目和产品，进而以为决定旅游发展状况和前景的主要是资源条件。所以，在旅游开发和发展中往往易导致只看到资源的重要性，而忽视了市场的决定性作用，没能开发出适合市场需要的项目和产品，直接影响到旅游开发和发展的效果。此外，长期的自然经济传统和计划经济实践，也容易使我国一些市场经济观念还不够普及和深入的地区，在旅游开发和发展中忽视市场的重要性。这类现象在经济社会发展水平相对较低，市场经济尚不发达的地区，是客观存在的，且可能继续出现。

（二）突出特色、扬长避短原则

这个原则是指旅游项目和产品的开发必须坚持特色第一的方针，为了突出特色，就必须扬己之长、避己之短。

特色是产品的生命力、竞争力所在，没有特色的产品就是没有竞争优势和前途的短命产品。在市场经济条件下，强调产品和服务的特色，还基于分工和专业化以及生产和交换的基本理论。生产的分工和专业化决定了产品、服务的专门化与特色化，功能作用和外在形式都无差异的产品和服务是没有交换必要的。同时，在分工和专业化的前提下，存在着大量生产同类产品的厂商，这些厂商要顺利地销售掉其产品，更必须突出其在产品性能、特色和价格、服务方面的优势。在价格、销售方式特定时，产品的性能和特色就至关重要。因此，要交换以顺利地实现生产目的，产品和服务特色越鲜明、越突出越好。特色来源于生产经营者所具备条件的特殊性，当然是其中可资利用、有利于生产经营的因素，即其长处，而要设法避开与其他生产经营者比所存在的不足，即短处，要扬长避短。

在旅游开发中强调突出特色、扬长避短原则，特殊意义就在于，旅游吸引力最初就产生于文化的差异性，求新、求奇、求特、求知是主要的旅游动机和目的，它们还是实现求乐目的的重要途径。通俗地说，对于旅游者而言，所有其不了解、不熟悉的事物都会使之产生去了解、探求、体验、感受的动机，而自己所了解和熟知的事物通常是不可能对其产生旅游吸引力的，旅游的一个主要目的就是去了解、认识新、奇、特的事物和寻求新的感受、经历、知识。因此，旅游开发和生产必须特别重视特色。但如前所述，实践中由于从事旅游开发的人多是生活在同质文化之中的，一方面会熟视无睹，即对旅游资源的价值认识不足，习以为常，看不出新奇和特色之处；另一方面又会在初期和一定阶段简单地学习其他地区、其他人的做法——因为这些往往是其所不熟悉而感到新奇有趣的，在项目、产品开发建设中生搬硬套、生吞活剥，进行低水平的重复建设，开发出一些特色甚微的项目和产品，结果往往是东施效颦、弄巧成拙。

（三）围绕中心、成龙配套原则

这个原则是指旅游项目和产品的开发建设，必须在抓住中心的同时，注意协调配套，形成成熟的项目和产品。具体分析，这个原则的含义可以从以下四个方面来说明：

一是旅游开发建设必须明确主题，分析确定其最核心的内容、最主要的特色是什么。客观上，每个项目和产品都存在一个主题和中心，如民族文化旅游项目的中心和主题就是展示、表现、弘扬优秀的民族文化和进行民族文化的考察、学习、探索、交流。但是，不同民族其文化的精髓和特质又是不同的，体现民族文化的不同事物；如民族建筑、民族服饰、节庆习俗、艺术风格、哲学思想等也是不同的。因此，要逐层逐项分析。

二是在项目和产品开发的各个环节、各个方面都必须始终注意突出、体现其中心、主题，不能随意规划、选择、建设、组合内容而形成没有主题、没有红线、没有特色的项目和产品。例如，生态旅游区项目的中心是感受、体验绿色生态及其所蕴含的思想观念，要求尽可能保持生态的多样性和原真性，减少人为的干扰、影响和破坏。相反，如果在生态旅游区建设嘈杂的现代游乐设施，甚至包括过多的旅游服务设施，就会使其主题、中心和特色受到损害。

三是在项目和产品的设施建设上要注意协调配套，一般行、游、住、食、购、娱的服务都要具备，且在等级、档次、规范等方面基本协调，不能畸高畸低，并逐步增加设施和服务的数量、等级，以增强可选择性。特别是要避免只顾项目自身的主体建设和功能的配套，忽视辅助性、服务性设施项目。如很多新开发的旅游区，往往都有公路和游览步道、大门和管理房等设施，但没有观景亭、椅子、凳子、垃圾桶、说明牌和指示牌等观景、休憩、卫生、信息服务设施，厕所不卫生，异味很重，水上游览项目的码头和游船过于简陋等。

四是在项目、产品开发建设的同时重视人员素质、管理和服务规范、企业形象和企业文化等软件的建设配套，以及项目、产品建成后的包装、品牌策划塑造和市场宣传销售等环节的配套和统一筹划，解决新开发项目硬件硬、软件软和硬件不硬、软件过软以及建设与管理、服务、包装、宣传、销售脱节等问题。

（四）立足自身、放眼全局原则

这个原则是指旅游项目、产品开发建设要以自身的成龙配套和成熟完善为立足点，同时必须环顾周边地区、相关区域的项目、产品，注意与周边地区、整个区域乃至全国旅游开发建设、旅游产品结构调整和布局的协调一致。就一般情况来说，立足自身，做好自己的事，是社会广泛提倡、反复强调的，因此是大多数人易于想到和做到的，但放眼全局往往被很多人在认识和实践中忽视。旅游开发要放眼全局的必要性主要来源于以下三个方面：

一是在市场经济条件下，任何生产经营活动都必须首先关注市场这个大局，包括市场需求特征及其变动趋势和相关生产供应商的动向及其对自身的影响。

二是大部分旅游项目，包括规模很大的旅游区，在大部分时候都不可能是独立销售和完全独立供旅游者消费的，必须与区域内的其他项目、周边和其他地区的旅游项目共同组合成产品、线路、目的地。因此，一定区域内的旅游项目之间存在着密切的互补或竞争关系——竞合关系，在开发建设新的旅游项目时必须认真分析其与其他项目的关系和自身在区域中、在旅游线路和产品中的地位、作用。

三是旅游项目最终还要受到大区域、全国乃至全世界的影响，对于某一个旅游区开发来说，首先是所在地区、周边地区、全省旅游开发、产品建设的目标和战略对其具有指导性作用，国家旅游发展政策方针和旅游产业发展规划、旅游区域和产品开发建设规划的影响也是全面而深远的。

简单地说，旅游开发中贯彻立足自身、放眼全局原则，可以避免就事论事和只见树木、不见森林的倾向，有利于强化旅游开发和产品建设中的一盘棋观念，对保证旅游开发建设的整体效益和项目本身的长期效益有重要作用。

（五）梯次推进、逐步深入原则

这个原则是指就旅游项目开发、建设方式来看，应当分轻重缓急，分阶段分步实施，并注意在项目等级、水准、内容、性质、特征等方面不断提高、深化、丰富和强化。

就一般建设项目来说，总是有主要和次要之分，为了尽快投入运营和产生效益，有些建设是首先要完成的，有些则可以逐步建设配套。大多数产品的生产也存在一个由初级不断完善升级和形成包括多种规格、型号、档次的系列产品体系的过程。

旅游项目和产品在这方面的特征最为明显，基本上体现为一种不断改进、完善、丰富、扩大和提高的过程性产品，有的在处于未开发建设的原始状态就可以供人们旅游消费，如单个或团体旅游者自行到未经开发、配套和包装的民族村寨、天然溶洞、野山峡谷进行徒步旅游、度周末、春秋游等。因此，在进行开发建设时，可以先从交通着手，逐步到游览、休憩、卫生、服务、管理设施建设和策划包装、宣传销售、内涵挖掘、展示参与等环节、方面。就项目和产品性质来说，可以从一般性的参观、游览，到欣赏、考察、参与、体验，有的还可以向娱乐、度假、康体、商务、会议等方向发展。

旅游开发强调梯次推进、逐步深入，还在于对我国为数众多的旅游项目开发经验教训的总结。我国不少开发比较早的知名旅游景区、景点，从基本完成配套建设起，长达数十年就是一张老面孔，功能没有扩展，内容没有得到深化和丰富，品牌形象也完全一样。最可悲和可怕的是，其中的一些景区仍没有意识到由此产生的危机，至今还有"皇帝女儿不愁嫁"的陈旧意识，以老大、王牌自居。

（六）科学开发、有效保护原则

这个原则是指在旅游开发中，要坚持科学合理的指导思想和行为方式，要注意对资源、环境的切实有效保护，防止和杜绝掠夺性、破坏性开发利用，实现永续利用和可持续发展的绿色产业目标。

资源是我们赖以生存和发展的基础，不能有效保护资源就会使我们失去生存和发展的根本。就彼此间的辩证关系来分析，科学开发是有效保护的前提，有效保护又是充分发挥资源效益、实现开发利用目的的前提。旅游资源大部分具有脆弱性、不可再生或不易恢复性特征，特别是其中的人文文化类资源和环境生态类资源，一旦在开发中性质、特征发生根本性变化，尤其是受到开发性、建设性破坏或侵扰、污染，要复原几乎是不可能的。同时也要认识到，人类所有的生产建设活动都是按照自身的需求去改变资源的性质和特征，以生产出能够满足自身需要的产品。如果将这种改变资源性质、特征也都看成对资源的破坏，就不会有人类的生产活动，也就不会有人类及人类社会的存在和发展。更为重要的是，如果因为担心在开发中会受到侵扰、破坏就禁止或严格限制开发利用，坚持严格保护、保护第一、保护唯一等原则，还可能因资源的价值没有及时体现，特别是没有较好地转化成经济收入，没有使区域内和附近地区居民、企业、政府从经济利益上感受到资源的价值，就很难使其对保护资源必要性的认识广泛深入，相关方面特别是生活在其中的人们保护资源的内在动力就很难产生。这样，有效保护的目的就很难实现，结果往往是资源以更快的速度、更大的力度被破坏。

就现实针对性来说，科学开发、有效保护与保护第一、利用第二或严格保护、合理利用的区别不仅仅是文字上的提法不同，实际上是对利用与保护的辩证关系不同的理解和处理方式。而且，笼统地提第一、第二和严格保护，在具体执行中也难以把握，结果往往是因此限制了对资源的开发利用，最终结果常常是导致资源保护自身受到很大影响。严格、第一等是就态度和定位而言的，其实践结果很难判断，可以用"态度是严格的、定位是突出的，但由于条件所限或者方式不科学、措施不得当，所以产生了不好的结果"来搪塞、推脱；而有效保护是从结果来判断的，即无论态度、定位、方法、措施、条件如何，判断和考核的结果只有"效果"——保护好了就是"有效保护"，没有保护好就不是"有效保护"。

第三章 旅游景区规划

第一节　旅游景区规划的理论

一、旅游景区规划的理论基础

旅游是一个涉及经济、文化、生态等多方面的复杂系统，在客观上也促使旅游规划从单一走向系统综合的学科发展道路。旅游景区规划的综合性特点，决定了其理论来源的广泛性和复杂性。

旅游景区规划是旅游规划的重要内容之一，因此，旅游景区规划的理论基础与旅游规划的理论基础具有相似性，一般来讲，旅游景区规划的理论基础包含有旅游系统理论、区域空间结构及区位理论、旅游地生命周期理论、可持续发展理论、景观生态学理论等。

（一）旅游系统理论

"系统"一词来源于古希腊语，是由部分构成整体的意思。人们通常把"系统"定义为：由若干要素以一定结构形式联结构成的具有某种功能的有机整体。在这个定义中包含了系统、要素、结构、功能四个概念，表明了要素与要素、要素与系统、系统与环境三方面的关系。系统论认为，整体性、关联性、等级结构性、动态平衡性、时序性等是所有系统的共同特征。系统论概念目前已广泛应用于不同科学领域，目的在于寻求或建立最优系统结构，充分有效地发挥系统的整体功能。

从系统论出发，可将旅游视为一个系统，即旅游系统。它是客源地的旅游者通过旅游媒介到达旅游目的地的旅游活动系统，其构成有三大要素：旅游主体——旅游者，旅游客体——旅游目的地，旅游媒介——旅游通道，因此，可以将旅游系统定义为：以一定的经济、社会、环境为依托，由旅游主体、旅游客体和旅游媒介相互作用所产生的各种现象和关系的总和。旅游系统是以旅游需求为动力，通过旅游者的旅游活动而使各组成要素相互联系、相互作用而构成的有序、立体、网络的整体关系，是一个动态而开放的系统。

旅游景区规划是以旅游系统为规划对象，在对旅游目的地和客源地市场这对供需关系及与这对关系有紧密联系的支持系统和出游系统诸因子的调查研究与评价的基础上，制订出全面、高适应、可操作的旅游发展战略及其细则，以实现旅游系统的良性运转，达到整体最佳且可持续的经济、社会与环境效益，并通过一系列的动态监控与反馈调整机制来保证该目标的顺利实现。其基本思想是以客源市场系统为导向，以旅游目的地系统规划为主体，以出游系统为媒介，以支持系统为保障，利用反馈系统来监控，达到旅游业的可持续发展。

（二）旅游区位理论

区位理论起源于工业革命时代的欧洲，是关于人类活动空间分布和空间组织优化的理论。区位理论研究的实质是生产的最佳布局问题，即如何通过科学合理的布局使生产能以较少的投入获得较大的收益。区位理论的研究和应用范围已遍及农业、工业、商业、城市等领域。比较著名的区位理论有杜能的农业区位论、韦伯的工业区位论、廖什的市场区位论及克里斯泰勒的中心地理论等。

旅游区位是指该地区在其所在大区域的旅游活动中占据的地位及在区域旅游发展过程中形成的与周边地区的相互关系。旅游区位论是研究旅游客源地、目的地和旅游交通的空间格局、地域组织形式的相互关系及旅游场所位置与经济效益关系的理论。旅游区位应该被视为旅游景点与其客源地相互作用中的相关位置、可达性及相对意义，它可以看成是一个旅游地对其周围客源地的吸引和影响，也可以看成一个旅游客源地对周围旅游点的选择性与相对偏好。

旅游区位论在旅游景区规划中的应用主要体现在三个方面：①确定旅游景区的市场范围。旅游景区吸引力大小决定了其在市场上的影响范围，旅游景区市场范围的上限是由旅游景区资源的吸引力、旅游景区社会容量、经济容量及生态环境容量共同决定的客源市场范围或接待旅游者数量，旅游景区市场范围的下限即旅游景区的门槛值：旅游景区提供旅游产品和服务所必须达到的最低需求量。在旅游景区规划中，要利用旅游区位理论的思维综合考虑旅游景区市场范围的上限和下限。②确定旅游景区的等级。一般而言，高等级旅游景区具有较大的市场范围，其提供的产品和服务档次高、功能多、品种全、质量好；低等级旅游景区则具有较小的市场范围，其提供的产品和服务就相对单一。在旅游景区规划中，首先应明确景区在市场中的等级定位，从而在项目、设施及服务设计等方面做出相应的安排。③制订旅游景区的均衡布局模式。由于不同等级旅游景区的市场范围和服务半径不同，因此，一个区域旅游若要维持可持续发展，区域内各旅游景区的均衡布局是重要内容之一；此外，利用区位理论的思想，合理均衡地布局与设计每个旅游景区内部的旅游项目、服务设施等也是促进单个旅游景区健康发展的重要内容之一。

（三）旅游地生命周期理论

应用旅游地生命周期理论去分析影响旅游产品生命周期的因素，可以有效地指导旅游景区的规划和市场营销工作。旅游地生命周期理论在旅游景区规划中的作用主要体现在三个方面：①可作为解释旅游景区演变的模型。在旅游景区规划时，应首先通过调研该旅游景区的情况来判定其处于旅游地生命周期的哪个阶段，这样才能根据实际发展情况和预测情况对旅游景区做出准确的发展定位。②指导旅游景区市场营销工作。并非所有旅游景区的旅游产品一开始就有探索阶段，有的产品开发不当，尚未进入发展期就会跌入衰落期，还有些形象不鲜明、雷同旅游景区的生命周期会有变短的趋势，需要我们研究旅游产品生命周期理论时引入企业形象策划的相关思维，进行旅游产品的包装设计。③作为旅游景区预测的工具。根据旅游地生命周期特征，可以在不同阶段对旅游景区和其产品进行预测，采取针对性的开发战略和政策措施，以使旅游地尽快地步入稳固期，并延长稳固期，实现旅游景区的长期稳定发展。

（四）可持续发展理论

可持续发展思想的提出是源于人类赖以生存的环境和资源遭到越来越严重的破坏，人们对环境问题的逐步认识和热切关注。迄今为止，被大家广泛认可的可持续发展的概念是由挪威首相布伦兰特夫人提出的，即既满足当代人的需求，又不对后代人满足其自身需求的能力产生威胁的发展。其定义有三层内涵：①从自然属性上讲，其强调生态持续性，即保持自然资源再生能力和开发利用程度之间的平衡。②从社会属性上讲，其强调人类的生活、生产方式与地球的承载力相协调，并最终落脚于促进人类生活质量和生活环境的改善。③从经济属性上讲，其强调经济的发展是在不降低环境质量和不破坏世界自然资源的基础上。

可持续发展理论在旅游及旅游景区规划与开发中的应用主要体现在两方面：①旅游景区的局部性和阶段性开发。在旅游景区的规划与开发中，要注意旅游景区的生态环境承载力，注意开发规模的控制，防止出现过度开发而导致的旅游景区生态环境破坏，要为未来的进一步开发预留一部分的空间和容量，同时，在规划和开发过程中，应分阶段逐步进行开发，以达到经济效益和生态效益的融合。②旅游景区当地居民生活质量的改善。在旅游景区规划和开发的过程中，不仅要对当地居民所生活的生态环境进行保护和改善，更应对其文化进行保护，同时，也应注重旅游公平，合理地让当地居民融入旅游景区的开发，从而提高其生活质量。

（五）景观生态学理论

对于不同尺度上景观空间变化的研究，包括对景观异质性、生物、地理及社会原因的分析。景观生态学的核心主题包括：景观空间格局与生态过程的关系、人类活动对于景观格局与变化的影响、尺度和干扰对景观的作用。

景观生态学将景观空间结构抽象成四种基本单元：斑块、廊道、基质、缘。斑块是指空间上的块结构或点结构，是与周围环境不同的非线性区域，如旅游景点及其周围形成的旅游斑块；廊道是与周围两侧相邻区域环境不同的带状景观要素，如旅游地或旅游景区内的交通廊道；基质是斑块镶嵌内的背景生态系统或土地利用类型，如一个旅游地或旅游景区的旅游地理环境及人文社会特征；缘是指斑块、廊道、基质的外围缓冲地带，如自然保护区应有的外围缓冲区，核心旅游景区的扩展区等。

景观生态学在旅游景区规划与开发中的应用主要体现在两方面：①旅游景区内景观的设计。在设计旅游景区景观时，可以利用景观生态学的思想，依托景观要素构建模拟的自然环境，创建合理的人工植物群落，从而保持旅游景区内景观环境系统的稳定性和可逆性。②旅游景区内景观的保护。可以借用景观生态学中景观要素的合理组合思想，为重要保护的景观区域设置缓冲区，限制旅游者的进入，从而缓解旅游景区开发与自然保护之间的冲突。

（六）旅游社会学和人类学理论

旅游社会学是社会学的分支学科，主要研究旅游的动机、角色、制度和人际关系，以及上述因素对旅游者和旅游目的地的影响。旅游人类学是借用人类学的知识谱系、方法手段对旅游活动进行调查和研究，其研究对象为旅游地居民、旅游开发者、旅游者在旅游发展过程中产生的各种临时互动关系。

旅游社会学和旅游人类学研究的内容十分广泛，与其他理论相比，这两个学科的理论更加关注旅游过程中各利益相关者（或者说是旅游过程中所有的人）的本身感受及相互关系，为旅游景区的规划与开发提供了一种人本主义的哲学思路，即人才是旅游活动中的主体，在旅游景区的规划与开发中，不能仅仅局限于物质环境的规划设计，更应该从关心旅游景区的各利益相关者入手，对旅游景区的相关者的特性、活动及社会环境加以关注；在进行旅游规划时，首先应充分考虑、协调旅游者、旅游地居民、旅游开发商的相互关系和利益，然后再着手有针对性地提升旅游景区的硬件设施和软件服务质量。

二、旅游景区规划的方法和技术创新

旅游景区规划的方法和技术创新主要表现在"3S"技术的应用和网络信息技术的使用。3S技术是遥感技术（Remote Sensing，RS）、地理信息系统（Geography Information Systems，GIS）和全球定位系统（Global Positioning Systems，GPS）的统称，是空间技术、传感器技术、卫星定位与导航技术和计算机技术、通信技术相结合，多学科高度集成地对空间信息进行采集、处理、管理、分析、表达、传播和应用的现代信息技术。

（一）遥感技术

遥感是指利用装载于飞机卫星等平台上的传感器捕获地面或地下一定深度内的物体反射或发射的电磁波信号，进而识别物体或现象的技术。主要可以分为光学遥感、热红外遥感及地面遥感三种类型。遥感技术具有观察范围广、直观性强、能实时客观获取信息、反映物体动态变化特征的特点。

遥感技术在旅游景区规划与开发上的运用主要体现在三个方面：①探查旅游资源。遥感图像可以辨别出水体、植被、土地利用类型等很多信息，在进行旅游景区资源的探查时，利用遥感技术，可以方便快捷并准确地获取大量信息，使旅游资源探查的效率大大提高。②提供制图基础。遥感图片是对当地空间发展现状的描述，由于其更新快，能够反映规划区域的最新状况，因此，一般用遥感图来做规划图的底图。③规划的动态管理。由于遥感图片具有实时动态的特点，叠加不同时期的遥感图片可以清晰地观察到旅游景区的发展状况，因此，可以利用遥感实时图片来对旅游景区的规划进行及时的反馈和修正。

（二）地理信息系统

地理信息系统是采集、存储、管理、描述和分析空间地理数据的信息系统。其以计算机软硬件环境为支撑，采用地理模型分析方法，以地理坐标和高程确定三维空间，将各种地学要素分别叠置于其上，组成图形数据库，具有对空间数据进行有效输入、存储、更新、加工、查询检索、运算、分析、模拟、显示和输出等功能的技术系统。

地理信息系统技术在景区规划与开发中的作用主要有：①为旅游景区的开发和管理提供相关信息。通过构建旅游景区地理信息系统，可以将各种规划管理数据输入该系统中，并定期加以维护和更新。借助该系统平台，旅游景区规划者和经营者能直观地获得旅游景区内各种数据。②构建求知型和互动型导游系统。可以利用地理信息系统构建景区电子导游系统，通过声音、图像、视频等渠道为旅游者全面展示旅游景区的风貌，也可通过地理信息系统查询功能为旅游者提供线路和景点查询服务。

（三）全球定位系统

全球定位系统由导航星座、地面台站和用户定位设备三部分组成。世界上任何地点的用户至少能同时接收 4 颗卫星播发的导航信号，实现三维精确定位。在商业、军事、测量及日常消费中有广泛的使用空间。

全球定位系统在旅游景区规划与开发中的应用主要表现为：①定点。即通过野外考察时利用全球定位系统设备确定某个旅游景区的精确位置，这在旅游景区控制性详细规划和修建性规划中能够发挥重要作用。②定线。即为旅游景区规划者的旅游线路设计提供指导；同时，在应用上，可以为旅游者提供导航服务。③定面。全球定位系统可以精确地计算出旅游景区内某个区域的面积大小。

（四）虚拟现实技术

虚拟现实技术（VR）是 20 世纪末兴起的一门崭新的综合性信息技术，它融合了数字图像处理、计算机图形学、多媒体技术、传感器技术等多个信息技术分支。虚拟现实系统就是要利用各种先进的硬件技术及软件工具，设计出合理的硬件、软件及交互手段，使参与者能交互式地观察和操纵系统生成的虚拟世界。虚拟现实技术是用计算机模拟的三维环境对现场真实环境进行仿真，用户可以走进这个环境，可以控制浏览方向，并操纵场景中的对象进行人机交互。

虚拟现实技术在旅游景区规划与开发中的应用在于：规划者可以通过虚拟虚景向规划委托方展示旅游景区规划的最终效果；经营者也可以将虚拟现实技术和信息网络服务相结合，为旅游者提供更真实、更刺激的旅游体验。

三、旅游景区规划的工作流程

一般来讲，旅游景区规划的工作流程包括以下几部分：实行项目可行性分析、编制项目任务书、组建编制组、制订工作计划、进行资料搜集与调研、编制规划稿、聘请专家评审、上报和修订规划。

（一）旅游景区规划与开发的可行性分析

旅游景区规划的可行性分析是对拟开发旅游景区的预分析，分析该旅游景区范围内是否具有开发的必要性和可行性。旅游景区的投资建设者和经营管理者应是对可行性分析加以强烈关注的利益群体。

旅游景区规划可行性研究应由投资者及经营管理者聘请专业研究机构或组织实施。该组织可以是规划编制机构，也可以是其他的机构。

可行性研究的内容主要涉及四个方面，即旅游景区的开发价值、旅游景区的市场前景、旅游景区的投入产出分析及旅游景区的旅游者容量评估。

开发价值评估是指对旅游景区范围内的旅游资源禀赋及开发条件进行分析和评估，从而确定该旅游景区有无开发潜力和可行性。

旅游景区的市场前景则是立足于区域旅游市场的发展现状和未来发展趋势

而对待开发旅游景区的市场接受程度加以预测。分析时，除对旅游者行为方式和消费习惯分析外，还应分析市场中已有的竞争者和潜在的竞争者。

旅游景区规划与开发的投入产出分析是利用产业经济学中投入产出模型来对旅游景区的投资收益进行的对比估算。主要内容有旅游景区开发的风险性和脆弱性、旅游景区的成本和效益评估等。这里的效益评估除了经济效益外，还应综合考虑旅游景区开发的社会效益和生态环境效益。

旅游景区旅游者接待容量评估是根据旅游项目和旅游景区类型及预计的旅游者周转率确定旅游景区内的大致旅游者容量，该容量成为旅游景区开发接待的阈值。在进行经济效益分析时，旅游者接待量也要以该数值为计算上限。

若通过可行性研究论证，则可以进入下一环节；若未通过论证，则建议投资方取消该项目的开发计划。

（二）编制旅游景区规划项目任务书

规划项目任务书是对旅游景区开发规划内容的介绍。公开招标决定规划编制者时，一般由规划的竞标方承担编写任务，同时，该项目任务书也将成为竞标书的重要组成部分，但是，也不排除规划的招标方编写项目任务书的可能。通常在招标方编写项目任务书的情况下，该项目任务书一方面为竞标方介绍旅游景区开发现状，另一方面则充当招标书的角色。

旅游景区规划项目任务书从内容上看主要应包含以下内容：规划的范围、规划的目标、规划的区域环境、规划的内容、规划的期限、规划的方法和技术路径、规划经费预算及其他对景区规划编制的具体要求。

（三）组建旅游景区规划队伍

旅游景区规划队伍的组建可以是由委托方自主选择，也可以通过市场竞标而确定。目前，通过市场招标来确定规划编制方是较为常用的做法。通过市场招标时，规划委托方应起草、发送招标邀请书或在公共媒体上公布招标信息征求投标者。投标邀请书要明确写明招标内容、招标方式、招标文件领取时间和地点、投标截止日期及开标时间、地点等内容。投标方即旅游景区规划的编制主体，可以是旅游规划公司，也可以是高校或科研机构。

规划组织人员在构成上应分成两个小组，即旅游景区规划的领导小组和旅游景区规划的编制小组。规划领导小组一般由旅游景区当地行政主管部门的代表、旅游景区投资者的代表及旅游景区经营管理者的代表联合组成。领导小组的主要任务是在规划编制过程中进行协调，并与规划编制小组进行协商，让二者的思想相互交流，从而提高规划的科学性和可操作性。

由于旅游的综合性特征，规划编制小组成员的专业要求应尽量多元化，其核心成员应在旅游经济、旅游管理、旅游营销、旅游地理、旅游生态环境、旅游社会、旅游文化、旅游交通、旅游法律法规等方面有一定的理论研究和实践经验。如果旅游景区规划与开发中涉及一些具体规划、工程建设等专项研究，那么还需要与土地利用、建筑设计等方面的专业人员进行合作。

（四）制订工作计划

选定规划组成员后，规划编制组应与领导小组一起商量出规划的行动计划，详细描述野外勘测、编制初稿等进度安排，并明确标出完成各项工作预计所需的时间及达到的阶段目标，最终以图表的方式简洁明了地表示出来。

（五）进行资料搜集与调研

规划编制组的资料搜集与调研可分为室内资料搜集和野外实地调研。

室内资料搜集主要包括对相关政策和法律法规、旅游景区发展历史与环境、相关旅游景区发展经验、相关文献研究、旅游景区所在地方志等文本资料的搜集，也包括通过统一的学习或会谈交流等途径掌握到的规划地的相关信息。

（六）编制规划稿

野外实地调研是规划编制组直接对旅游景区内的资源和开发条件进行实地勘察、测量和评价，将旅游景区的资源禀赋和结构特征与室内搜集的资料进行对比佐证。野外实地调研时应多观察、多交流，特别是与旅游者、当地居民及旅游主管部门进行交流。

野外实地调研过后，规划编制组应根据自己的观点，提出规划思路与构想并完成规划纲要交予规划委托方征求意见，使规划不断朝着满足规划编制方要求的方向趋近，同时，根据达成一致的旅游景区规划纲要，在一定期限内完成规划文本初稿的撰写工作。

旅游景区总体规划文本的内容结构：

①确定规划旅游景区的旅游主题。包括主要旅游功能、主打旅游产品和主题旅游形象。

②确立规划的分期及各分期目标。

③提出旅游产品及设施的开发思路和空间布局。

④确立重点旅游开发项目。

⑤对规划进行经济、社会和环境评价。包括成本投入、利润估算等。

⑥形成规划旅游景区的发展战略，提出规划实施的措施、方案和步骤，包括政策支持、经营管理体制、宣传促销、融资方式等。

初稿完成后，规划双方应组织专家对规划初稿进行评估，看其是否达到规划编制的要求并按照评估意见对文本初稿进行修改。将规划总文本修改完成后，规划编制组还应撰写分报告。

（七）聘请专家评审规划

在规划编制组按照评估意见完成规划总文本和分报告后，规划委托方应聘请有关专家组成规划评审委员会，专家委员应严格按照国家（质量监督检测检疫总局颁布的《旅游规划通则》）及其他相关规定的要求，对规划文本的完整性、规划结果的科学性、规划思路的合理性、规划内容的可行性等进行评审，最后提出规划评审意见。

旅游景区规划的评审人员由规划委托方与当地旅游行政主管部门协商确定。旅游规划评审组由7人以上组成。其中行政管理部门代表不超过1/3，本地专家不少于1/3。规划评审小组设组长1人，根据需要可设副组长1～2人。组长、副组长人选由委托方与规划评审小组协商产生。旅游规划评审人员应由经济分析专家、市场开发专家、旅游规划管理官员、相关部门管理官员等不同领域的人员组成。

评审结果一般有以下三种情形：①若规划成果通过评审，则可着手规划终稿的制作；②若需进行一定的修改后通过，规划编制组则按要求进行修改；③若规划不通过，委托方可要求规划编制方重新编制规划方案，或另请其他的规划编制组完成旅游景区开发规划的编制任务。

规划的评审，需经全体评审人员讨论、表决，并有 3/4 以上评审人员同意方为通过。评审意见应形成文字性结论，然后经评审小组全体成员签字后，评定意见方生效。

（八）上报和修订规划

规划编制完成后，还要上报国家旅游局或当地政府和旅游主管部门批准实施。在规划实施过程中，规划编制组还应根据实施反馈意见对规划内容进行调整和修正。

第二节　旅游景区旅游设施规划

旅游设施是旅游者在旅游目的地或旅游景区开展食、住、行、游、购、娱各项旅游活动所必须借助的建筑物、场地、设备及相关物质条件的总和。旅游设施包括两大类：旅游基础设施和旅游服务设施。旅游设施是旅游消费与旅游业发展不可或缺的前提和基础。

多年来，旅游目的地或旅游景区旅游产业的规划与开发一直聚焦在旅游产品上，旅游资源、旅游业态、旅游市场是研究的核心，很少有人关注旅游设施，导致多地旅游设施建设存在缺失，包括有效供给不足、均衡发展不力、信息化水平不高、体制机制掣肘、外部保障政策不足等问题。旅游设施需求增长与供给不足的矛盾日益突出，严重阻碍了旅游产业的发展，补齐短板任务艰巨。旅游设施建设已经成为当前旅游发展，乃至城镇化发展重要的基础性工作。

全域旅游发展背景下，市场需求的变化对旅游设施也提出了更高的要求：需要开放式发展，打破各旅游景区及地域之间的分割，打造全域公共服务平台；需要更完善的旅游公共服务体系支撑；需要提供完善、便捷、有针对性的公共服务；需要以旅游体验为导向，打造公共产品和服务；需要紧跟新业态，打造公共服务体系的产品迭代发展。

一、旅游基础设施规划

旅游基础设施即公共基础设施，是指主要为当地居民生产生活而建造，旅游者开展旅游活动必须依赖的、但无须支付费用即可使用的公共设施。旅游基础设施规划就是对目的地或旅游景区公共基础设施进行的前瞻性的科学布局与合理安排，由此支撑旅游发展。

（一）旅游交通规划

旅游交通是指旅游者利用某种手段和途径，实现从一个地点到达另外一个地点的空间转移过程。旅游交通是旅游发展的前提条件，交通运输设施建设是旅游基础设施建设的重中之重和旅游开发建设的先导环节。旅游交通规划的基本原则是适度超前和重点突出，经济、环保，合理解决"进得去、散得开、出得来"的问题，提高可进入性，"处处皆景"，赋予旅游者美好的旅游交通体验。旅游交通设施包括交通道路网络、交通工具和配套设施。

交通道路：机动车道、游览步道、游览水道、索道、空中游道；

交通工具：汽车、电动游览车、船舶、火车、自行车、皮筏、缆车等。

配套设施：停车场、码头、候车站台等。

旅游交通规划的内容通常包括外部交通规划、内部交通规划、交通配套设施规划。

1. 旅游景区外部交通规划

外部交通又称"大交通"。旅游景区外部交通规划通常有两个任务，一是对外部交通的旅游开发分析和利用；二是对外部交通的建设从旅游开发角度提出规划或规划建议。旅游景区与所依托的城市（镇）间有旅游通道或旅游专线交通工具进行联系。旅游通道建设应符合相关的旅游道路建设规范，旅游景区外部交通标识应符合相关的旅游标识标牌建设规范。

2. 旅游景区内部交通规划

内部交通又称"小交通"。旅游景区内部交通规划的任务是规划旅游目的地内连接各旅游区、景区（点）的交通。主要交通方式为汽车和特种交通工具。具体为：游览线路尽量形成环行线路，线路选线应不对旅游区景观造成破坏，有利于旅游者观赏。旅游景区内道路分为步行道、车行道、特殊通道。道路设计突出旅游景区特色，与当地文化相结合。步行道：指仅供旅游者步行的道路，车辆不能进入，分为主要步行道、次要步行道、小径。人工铺装步行道采用具有旅游景区本地特色的生态性材料建设，如用木头、木板、竹板、鹅卵石等，在尽可能体现原生态的同时体现地方及民族特色。车行道：主要供旅游景区内机动车及非机动车辆行驶的道路。主要机动车道要实现人车分流，宽度不低于6 m；次要车行道可以采用人车共用车道，宽度4～6 m。停靠点：停车点和旅游码头位置要设置合理、安全，方便旅游者上下，与周围环境协调，并具有特色。

3. 交通配套设施规划

主要内容有加油（气）站／充电桩规划、洗车场规划、维修站规划等（表3-1）。

表3-1　旅游景区交通配套设施规划内容

加油（气）站／充电桩规划	交通干线两旁、旅游者稀少的区域，切忌规划在旅游区的中心地区
洗车场规划	旅游区入口附近可与旅游区的停车场规划在一起
维修站规划	旅游区外距离旅游区不远的地方，旅游区入口处

（二）旅游给排水设施规划

旅游给排水规划应根据旅游景区总体规划中旅游景区内部游览区、接待区、生活区、生产区统一安排的原则，确定旅游景区给排水方案，为给排水工程设计提供指导原则及基础资料。

1. 旅游给水设施规划

给水规划的主要任务是估算旅游地用水量、选择水源、确定供水方式、制订净水方案、布置供水管网、确定加压站位置及数量、水源地保护等，满足旅游者的用水需求。

（1）预测用水量

旅游景区用水量估算一般以旅游区用水高峰时的用水量为标准（表3-2）。

表 3-2　旅游景区用水标准

生活用水量	住宿客人	床位数 × 单位用水标准，一般取 300 ～ 500 L/ 床·日
	非住宿客人	人数 × 单位用水标准，一般取 10 ～ 30 L/ 人·日
	居民、员工	人数 × 单位用水标准，一般取 150 ～ 250 L/ 人·日
公建用水量	生活用水量的 40%	
其他及不可估计用水量	生活用水量与公建用水量之和的 15%	

旅游区总用水量：$S = \sum Si$，由生活用水量（S_1）、公建用水量（S_2）、其他用水量（S_3）组成。

（2）选择水源地

水源地应满足水源充沛、水质良好、取水方便的条件，一般可来自外部城镇水厂直接供水、旅游景区内部采水、直接供水与自采水相结合的方式。

（3）确定取水方式

有条件的旅游景区可以选择自流方式，但有些旅游景区只能选择抽水方式，应设置相应取水设施（如一级泵站、修建水闸和堤坝等）。究竟采取哪种取水方式，应根据旅游区的情况，充分考虑地形、经济、环保等因素确定。

（4）净水方案及制水能力规划

所有的水源，必须引入蓄水池，经过净化达到国家饮用水标准才能使用。必须制订详细的净水方案，设计自来水厂、清水库、输送净水的二级泵站等，制水能力要与预测的旅游区用水总量相一致。

（5）输水管网及配水干管布局规划

旅游景区给水管网包括输水管渠和配水管网两大部分。水源的输送首先经过输水主干网从净化站输送到旅游景区，再由支干网连接到旅游景区内各分区，然后通过支管向各用水单位输送，最后通过用户管供给各类人员使用。

（6）加压站位置及数量

很多蓄水池由于位置较低，很难向位置高的地方供水，必须加压。有些旅游景区在供水时需要多级加压，应规划出加压站的位置和数量。

（7）水源地保护措施

对旅游景区水源地要规划相应的保护措施。在取水点周围半径 100 米内禁止停泊船只，禁止游泳及其他可能污染水源的活动；在水源地周围 1000 米和下游 100 米范围内不得排入生活污水；不能在蓄水、供水的上游地区布置接待设施、生活设施等。

2. 旅游排水设施规划

排水规划的主要任务是估算各规划期雨水、污水排放量，研究雨水排除方法、污水性质与处理方法、污水处理等级及分散或集中的污水处理设施位置，布置排水管网，并研究污水、污物综合利用的可能性。排水规划的一般要求是：明确排水方式；确定排水管网走向与方式；旅游景区的垃圾、废物要有专用盛器。

（1）预测排水量

旅游景区排水量的预测，主要包括污水排放量预测和雨水排放量预测。污水排放一般以旅游景区的供水量为参照物，按其 80% 计算，雨水排放一般以年降水量为参照，具体计算公式为：

$$污水排水量＝旅游区供水总量 ×80\%$$

$$雨水排水量＝年降水量 × 汇水面积 × 径流系数$$

旅游地一般植被丰富，土壤疏松，径流系数在 0.5 以下，植被较少的地方的径流系数也较大。

（2）确定排水方式

分析旅游景区产生的污水类型，确定主要污水排放地点，确定排水方式。旅游景区的排水方式主要有雨污合流制和雨污分流制，究竟采用哪种排水方式，应根据旅游景区的具体情况而定。

（3）确定排水管道的走向、管径

旅游景区地形一般较为复杂，旅游景区排水管的设计和布置要考虑诸多因素，例如雨水的汇水区域划分、管线的平面布局、明暗渠设计、管道敷设等。排水管径的大小应与排污量相一致，最小的污水管和雨水管的最小管径为 300 毫米，最小设计坡度为 0.002（塑料管）。

（4）排污工程规划

旅游景区主要的排污工程包括污水处理设施和雨水排放设施。

①污水处理设施。

A. 污水处理厂（站）：污水处理厂（站）一般适用于大型旅游景区，可以是旅游景区自建，也可以将污水通过管道汇集后送往区域中心污水处理厂进行净化处理。

B. 公厕污水处理设施：公厕是旅游景区不可缺少的环卫设施，方便了旅游者也产生了污水。为了有效地处理公厕污水，旅游景区一般会在公厕下面设置污水净化处理系统，最普遍的形式就是化粪池。

C. 地埋式小型污水处理站：地埋式小型污水处理站适用于城市污水管网难以达到的旅游景区或小型景区。

D. 人工湿地污水处理设施：是一种将污水排放到湿地上，通过"土壤—植物"系统在物理、化学及生物学方面的自净能力和净化过程使其得到净化的污水处理工艺。

②雨水排放设施。雨水就近用明渠方式排入溪涧河沟，或进行截留蓄水。大多数旅游景区无须建设专门的雨水排放系统，以减少投资。对于不能自然排放或自然排放不畅的旅游景区，则需设立排水暗沟。在道路工程设施建设的同时，要预留足够的泄水通道。

（三）旅游电力电信设施规划

旅游电力电信设施规划主要包括供电规划和邮电通信规划。

1. 旅游电力（能源）设施规划

旅游景区电力规划的主要任务是确定电源，布置电力网，决定电力网的电压等级，变电所的数量、容量和位置，电力网的走向，电力负荷的分布及最大负荷等。根据旅游景区的供电现状及总体规划要求，为其提供不同的供电方案，进行技术经济比较并选定最佳方案。

（1）用电现状分析

①供电方式分析——联网供电、分区供电、自成网络供电。

②供电线路走向——电源从什么地方接入，线路的走向等。

③变（配）电站情况——规划区域有无变（配）电站、功率、满足的用电负荷。

④线路敷设方式——地表还是地下。

⑤存在的主要问题。

（2）用电量预测

①按旅游区酒店客房数量预测。

$$酒店总用电量 = 旅游区客房总数 \times 客房单位耗电量$$

我国每间客房日耗电量 3.5 kW。

②按旅游区酒店建筑面积预测。

$$酒店总用电量 = 旅馆建筑面积 \times 单位建筑面积用电指标$$

我国单位建筑面积用电量 20 ～ 25 W/m^2。

③综合预测。

$$总用电量 = 生活用电量 + 公建用电量 + 其他用电量$$

生活用电——住宿旅游者（2000 W/床·日），居民、工作人员（1000 W/人·日）；公建用电——生活用电量的200%；

其他用电——生活与公建用电量总和的40%。

（3）电源工程

①若旅游景区有良好的风力、火力、太阳能等发电条件，应建设发电厂以节约日常开支。

②若从区域电网获取电源，则应建设变电站，最好再购置应急发电机。在旅游景区服务中心或重要部门单位应配置备用电源（柴油发电机等），提高供电可靠性。

③在能源利用方面，对于能源引入有线路较长、投资大，但负荷小的偏僻旅游景区，可以考虑当地的风能、太阳能、水能等自然能源条件，若能开发利用，则此类能源既清洁环保同时又解决了线路铺设问题。

④变电站位置、变电等级、容量，输配电系统电压等级、敷设方式等。

（4）电力网线布置要求

①旅游景区的高压线路架设既要考虑不破坏旅游景区自然景观，要求尽力隐蔽，同时，又要使供电安全经济。

②在地形复杂、施工及交通运输不便并影响景观地段，要埋设电缆。

③在重要旅游景区、景点的敏感度区域可视范围内，为不影响景观环境气氛，供电线路均应设地下电缆。

④采用架空线与电力电缆相结合，并以架空线为主的网线布置方式。

2. 旅游电信（邮电通信）设施规划

旅游景区电信规划要求建立技术先进、质量良好、灵活性强、业务齐全的对内、对外的通信网络体系（表3-3）。国内与国际邮政、电信等建设线路不破坏风景林木，各接待中心要能发电报、通长途电话，邮寄包裹等。如是接待海外旅游者的还应有国际邮电业务，要建立旅游景区的对外通信网络，建立智慧旅游体系等（表3-4）。

（1）通信网络规划

表3-3　旅游景区通信网络规划内容要求

有线电话规划	数量	以客房数为基础，每间客房设置1部电话；再加上其他场所和办公电话
	类型	
	线路走向及敷设方式	
	空间布局	在旅游者集中活动的场所，设置公用电话类型线路走向及敷设方式；在容易发生安全事故的地区，设置报警电话
无线电话规划	在旅游景区恰当的地方规划基站	
	保证旅游区内移动信号无盲区	
网络规划	接入方式线路走向	
	营运商速率	

（2）智慧旅游体系规划

表3-4　旅游景区智慧旅游体系规划内容要求

旅游信息点	发布和提供旅游信息的场所和机构
内容、类型	有专人值守的亭房、柜台、窗口等
	触摸式多媒体、讲解器等
	旅游咨询电话
	无人看管的旅游信息资料发放点
	旅游电子商务网站、微信公众号等
设置场所	机场、车站、码头、游客中心、酒店、商业中心、娱乐场所、旅游景区内部、客源地

（四）旅游安全设施与防灾设施规划

旅游安全与防灾是旅游景区健康发展的基本前提。

1.旅游安全设施规划

旅游安全系统是具有安全保障功能的系统，主要包括三个子系统：预防系统、应急救援系统和管理保障系统。

（1）预防系统

①监控与预警系统。监控与预警系统包括监控系统和预警系统。监控系统是为了全面掌握旅游区的安全情况而设置的系统。预警系统是为了预防自然灾害、环境污染及旅游者超量而设置的系统。

②标识系统。标识系统主要是指对旅游途中标识牌的规划设计、安装和维护保养。它的最主要目的是引导旅游者安全有序地进行旅游活动。此外，标识系统在加大对旅游安全的宣传教育、增加人们对旅游活动过程中潜在危险的了解、提高旅游者的自我保护意识方面也有很大作用。

③交通保障系统。交通保障系统主要包括公路、游步道、客运索道、桥梁、停车场及其他交通方式的规划设计、建设和维护保养。

④安全设施系统。安全设施系统主要包括对山洪、海潮、水坝泄洪、雷电、地热的安全防护安排，对地表输电线、旅游消防设施、避雷设施等工程设施的规划设计、维护，以及对水上活动安全设施、攻击型野生动物防范设施、照明设施等的安排和维修保养。在建设安全设施系统时，要坚持以下几个原则：以保护旅游景区旅游者安全为主；不破坏生态系统；与旅游景区的旅游容量相适应。

（2）应急救援体系

旅游区的应急救援体系是由旅游接待单位、旅游救援中心、保险、医疗、公安、武警、消防、通信、交通等多部门、多人员参与的社会联动系统。

主要涉及的部门包括：旅游景区（点）、旅游企业、旅游地、保险机构、新闻媒体、通信部门等。旅游地社会经济发展水平、医疗、卫生状况影响着所在区域的旅游景区旅游安全问题的数量、性质及救援工作的质量。

（3）管理保障系统

能否建立一个健全的管理保障系统是构建旅游安全系统的关键。一个合理完善的管理保障系统不仅能保障旅游区的日常安全管理，还要在事故发生时采取及时有效的措施。管理保障系统包括旅游景区的安全管理机构、安全管理制度、安全政策法规体系等。三个系统相互作用、相互联系，共同组成一个有机系统，从而更好地为旅游安全提供保障。

2. 旅游防灾设施规划

（1）防洪排涝

根据防洪排涝标准完善防洪排涝设施建设，根据旅游区水量大小设计相应的洪水标准并按照相应的标准进行设防，保证旅游区游人生命和旅游设施安全。在洪泛区不得建造任何永久性建筑，主要道路标高不低于洪水水位。

对建设工程加强监督管理，促使建设单位按水保方案做好水土保持工作，有效减少水土流失。做好流域普查山洪灾害易发区（点），加强山洪防御的预案编制、监测预警和宣传教育。

（2）工程地质灾害

对易发生滑坡地区，采取植树造林、水土保持等防治地质灾害发生的措施，加强地质灾害点检测和防灾预警预报工作，制订地质灾害应急救护预案，永久性建筑物应避开断层位置。规划要求对易灾体进行监测并组织人员对易灾体的治理进行相关的技术论证工作，根据论证结果，采取相应的工程治理。

（3）森林防火和森林病虫害防治

健全森林防火机构，加强消防队伍技术培训，设置森林消防器材，满足森林防火需要；完善森林防火隔离体系，各旅游景区、主要景点周围种植不易燃树种为主的防火隔离带；重视宣传旅游者安全防火知识和应承担的法律责任，并依法实行严格的处罚措施。

加强旅游区内森林病虫害防治措施，设置生物灾害防治专管部门，定期定员对旅游景区实施全方位检测覆盖，定期排查，经常性地进行常见森林病虫害的喷洒防治，有效控制和消除森林病虫害的发生。

（4）消防规划

结合旅游区分类分级保护规划，确定火灾风险评估等级和消防保护措施，设立消防站点，配备相应消防设备和执勤人员，同时，旅游地各项基础设施规划中充分考虑消防功能，以保障火灾预警及时、消防通行通畅、灭火供水充足和景观建筑安全。

（五）旅游环境卫生设施规划

旅游景区的环境卫生设施可分为两类：一类是公共卫生设施，包括集中式垃圾箱、路边垃圾箱、公共厕所和排污设施等；另一类是专门卫生设备和工具，主要是卫生工作人员适用的卫生清扫工具，如垃圾运输车、垃圾清扫车及其他专用工具。

1. 垃圾处理设施规划

（1）垃圾箱布设

在旅游区内道路沿线、观景点等区域按照要求设置垃圾箱。在旅游者集中的接待区，垃圾箱按 50 米间距布设；在接待设施和娱乐设施较集中的区域，垃圾箱按 100 米间距布设；在登山游道和旅游者较少的探幽游道，垃圾箱按 200 米间距布设。垃圾箱的外观要求美观、适用并与周围环境相协调。

（2）垃圾转运站

垃圾转运站是重要的环卫基础设施之一，它的分布是否合理对区域内的卫生状况有重要的影响。根据旅游景区的所在地区的垃圾中转现状及选址，在旅游景区内合适的隐蔽处设立相应规模的垃圾中转站。各旅游服务点设隐蔽性垃圾收集点，定时收运，送至垃圾中转站统一进行收集处理，严禁随意倾倒垃圾。

（3）垃圾卫生填埋场

为了卫生填埋场运行和管理的高效性，应统一布局大型的生活垃圾无害化卫生填埋场，或以区域为单位设置小型的卫生填埋场。

2.旅游厕所规划

（1）独立型厕所

独立型厕所是指单独设置，不与其他设施相连的旅游厕所。该类厕所可以防止被其他周围设施的活动干扰。

（2）附属型厕所

附属型厕所是设置于其他建筑中供旅游者使用的公共厕所。一般不适用于不拥挤的区域。

（3）临时性厕所

临时性厕所属于为满足临时需要而设立的旅游厕所，包括流动公厕、简易搭建的公共厕所等。

旅游厕所规划建设要点：

①基本要求是根据《旅游厕所质量等级的划分与评定》执行。

②数量充足，按接待人次2%左右设计入厕位数量。游步道步行30分钟距离设置厕所。

③位置相对隐蔽，但易于寻找，方便到达，并适于通风、排污。

④建筑造型与景观环境协调，与旅游区整体建筑风格相统一。

⑤厕所的设置要考虑与休憩点、餐饮点、购物点、住宿点、加油站、游客中心等旅游服务设施的关系。

提倡使用新技术、新产品；造型景观化；建筑风格、色彩与环境协调。厕所内的各项设施和卫生管理指标应符合《旅游厕所质量等级的划分与评定》的相关星级评定要求。

在相对缺水的旅游景区内应对免冲式厕所、环保型厕所进行推广和普及。

在污水处理率低、大量使用旱厕及粪便污水处理设施的旅游景区可设置粪便处理厂。就厕所的卫生处理技术而言，偏远无水景点可采用分集式生态环保旱厕或无动力无水处理厕所；有水源的景点可采用生态节水的厕所；水电充足时可建设星级厕所。

3. 环卫设备与工具

根据规划垃圾产生量确定相应的环卫车辆数量和环卫车辆停车场。环卫车辆停车场的用地指标按环卫车辆 150 平方米 / 辆计算。环卫清扫、保洁区每 0.8 万～1.2 万人设置一个环卫休息场所，占地一般为 120～170 平方米，也可结合转运站建设。设置环卫班房，供环卫工人休息、更衣及停放小型车辆、工具等。

4. 环境卫生管理

可采取划片包干的方法，除专业环卫人员外，服务点值班人员、商业点经营人员必须同时负责各自区段和片区的卫生管理。采取严明的奖惩办法加强卫生管理。

二、旅游服务设施规划

旅游服务设施是指主要为旅游者开展旅游活动而建造，当地居民可以减、免费使用，旅游者需要支付费用才可获得服务的设施设备。

良好的旅游服务设施是旅游地发展的基础。合理的旅游服务设施规划有利于优化旅游产品、保护生态环境、促进旅游区发展。目前，在学术界和旅游规划实践中，一般将旅游服务设施体系划分为游客接待服务中心、旅游餐饮设施、旅游住宿设施、旅游购物设施及商品开发、旅游康体娱乐设施、旅游解说系统等部分。

（一）旅游住宿设施规划

旅游接待业主要以旅游饭店为基本设施并加上一定的辅助设施，形成旅游业中最重要的组成部分之一。接待业主要提供住宿和食品服务两个部门的经营，它们既为本地居民也为旅游者提供产品和服务项目。接待设施及服务的主要形式是饭店产品。旅游接待设施以旅游者的住宿设施为中心，入住前的预定信息服务，入住后的餐饮、娱乐、会议、金融服务、对外联系等则构成其关联产品。

住宿业是旅游产业的基础。住宿业结构划分为商业部类和准（非）商业部类两种。其中，商业部类和准（非）商业部类之下又分为提供服务类和自备餐饮类两种。另外，根据住宿设施提供服务的水平与提供设施和服务的广度，还可以将其区分为综合性旅游住宿设施、专业性旅游住宿设施和自助性旅游住宿设施三种类型，其中每种类型所包含的具体住宿设施所提供的服务水平也有差异。随着国内旅游业的持续快速发展，我国旅游住宿业也获得了快速发展，不仅住宿业单位数量不断增加，而且住宿设施类型也越来越多样化，不断满足不同类型、不同层次旅游者的需求。

旅游住宿设施规划内容包括规模预测、档次定位、类型定位、选址、建筑风格等。

1. 旅游住宿设施规模估算

旅游住宿规模的确定一般是根据旅游区发展规模，住宿设施总需求量主要受旅游地旅游者总量和停留时间影响，在具体确定住宿设施规模时要以旅游者对床位和客房的需求量为准。

旅游住宿床位规模计算的方法很多。《风景名胜区总体规划标准》（GB/T50298—2018）中的计算方法是：

床位数 =（平均停留天数 × 年住宿人数）/（年旅游人数 × 床位利用率）

$$C = \frac{R \times n}{T \times K} = \frac{R \times n / T}{K}$$

式中：C——住宿游人床位需要数；

R——全年住宿游人总数；

n——旅游者平均停留天数；

T——旅游目的地全年可游的天数；

K——全年床位平均利用率。

$R \times n$——代表全年住宿需求床位的总量。

$R \times n / T$——代表平均每天住宿需求床位数，其占应建设床位数量的比例为 K。客房数 = 床位数 / 房间均住人数

房间均住人数不考虑星级 1.5 人；一、二星级 1.7 人；四、五星级 1.2 人计。

2. 住宿设施类型确定

根据旅游地的功能特点，确定住宿设施的类型。如果为城市旅游地，一般建设普通型饭店；旅游地处于商务和贸易中心地带，可在邻近地段适当建造大型的豪华宾馆；海滨度假地与滑雪度假地，可在附近地带选择基地修建公寓和特色宾馆，或修建疗养院、度假村等，并可辅之以高尔夫球场、网球馆和马术场地及其他设施；山地型旅游地若离依托城市较远，则可以建造多功能宾馆，适当建设购物、娱乐和健身等设施及设置形式灵活的民居旅馆、野营地等。旅游住宿设施一般属于综合类接待设施，因此，在功能上除提供最基本的住宿外，还应提供餐饮、娱乐、购物、休闲、导游、票务等功能，以充分满足旅游者的需求。

3. 住宿设施布局总体要求

第一，重点区域集中布局。在客流量大、过夜旅游者集中的地区多安排一些，形成规模。

第二，稀少地区均衡布局。在现有住宿设施缺乏的地区，也要根据现在和将来客源的流量安排适量的住宿设施。

第三，需求导向，合理搭配。住宿的档次和类型要合理搭配，已能满足需求的不再新建，不能满足需求的要新建，档次不够的可新建或改造升级已有的住宿设施。

4. 住宿设施的建筑风格设计

住宿设施的规划设计，目前国际上的趋势是不仅仅建造高层设施，而且越来越注重民族风格和特色风情，注重突出地方风俗传统。住宿设施的主题风格要与旅游地的自然环境和人文环境相融合，要在总体上对住宿设施的选址、建筑风格和质料提出设计的要求。

①选址应根据地形、地物条件，充分考虑气候、坡向、坡位、空气流通性和采光度等。住宿设施一般应建在向阳坡一侧，通风条件好、采光好、昼夜温差变化相对小的地段。

②建筑风格与当地的自然环境和人文环境相得益彰，要在住宿设施的功能、规模、体量、高度、色彩、材质等方面体现出人与自然的和谐性。一要具有地方特色，与当地的传统建筑风格相协调；二要富有个性，成为当地独树一帜的

建筑物；三要与周边的自然环境相融合，不破坏旅游地自然生态环境的和谐。

③材质选取要尽可能节省原材料和能源，特别是山地、草原地区的绿色度假住宿地，应尽量使用风能、太阳能，自然采光、自然通风，使用循环水等，既减少经营成本，又保护资源和环境，符合旅游可持续发展的原则。

（二）旅游餐饮设施规划

旅游餐饮设施可分为两大类，一是独立型餐饮设施，即相对于附属酒店（宾馆）的餐饮设施而言的，其特点为建筑面积大，如属大型的餐饮设施往往建筑面积在1500平方米以上，一般的也要占地几百平方米，内容复杂。除公共部分外，还有生产、储存、杂务、锅炉、烟囱等，常常不易与风景景观取得协调。二是附属型餐饮设施，即附设于饭店（宾馆）的一些餐饮设施。其特点为餐饮服务往往是酒店（宾馆）收入的重要来源，在国外，餐饮服务收入常占饭店（宾馆）收入的50%左右。形式多样，如餐厅（中餐厅、西餐厅、穆斯林餐厅、日本餐厅、辣味餐厅、野味餐厅、快餐厅、自助餐厅等）、酒吧、咖啡厅、音乐茶座等。

旅游餐饮设施规划内容包括规模预测、餐饮选址、建筑风格等。

1. 旅游餐饮设施规划设计要点

①选址要充分考虑旅游者在旅游景区活动特点，在人员集中、餐饮时间节点处规划餐饮点。

②在场地选择时要尽量考虑环境优美、舒适清新、视野开阔处设置餐饮点。

③注意餐饮点内外环境景观的营造。

④考虑有与停车场、购物点之间的空间联系和关系等。

⑤考虑整个旅游区不同类型餐饮供应的搭配关系。

2. 餐位预测

餐位数=（日旅游者总数×入座率×入座次数）/（日均周转率x高峰系数）

入座率：通过调查和经验获得，一般为60%～80%

周转率：每日平均周转次数，餐厅2～4次，茶楼可达6次

高峰系数：高峰期旅游者数与平均数量的比率

3. 旅游餐饮设施布局

附属型餐饮设施常因宾馆饭店的选址和设计而定，而独立型餐饮设施的布

局与规划有其自身的特点。旅游餐饮设施布局往往有三种情况：一是在接待区（即在游览线路起始点）；二是游览区（即在游览目的地）；三是在游览路线中间（即在途中）。总之，无论是布局在游览起始点，还是布局在游览线路中间或游览目的地，都要遵循"既不破坏景观又方便游客"这一原则。

（三）旅游购物设施规划

旅游购物设施是指为旅游者提供日常用品和旅游商品购买的商业网点，由基本购物设施和辅助购物设施组成。它既包括旅游景区内分散的购物网点，又包括购物设施较为集中、完善的商业服务中心。这些商业网点不仅能为旅游者提供一种典型的购物活动场所，而且可以为旅游者在购物中提供一种快乐和消遣，是一种休闲和消费的新空间。因此，一些现代意义上的购物商店或购物街已经不只是单纯的商品销售场所，而发展成集购物、休闲、餐饮、景观为一体化的多功能复合体，使旅游者在购物中休闲、在休闲中购物，有些甚至成为当地新的旅游吸引物。越来越多的资料显示，大型购物中心作为能够吸引旅游者的目的地，已经发展为一种新的旅游形式。

1. 旅游购物网点密度的测算

依据商业布局理论，反映商业网点与人口数量对比关系的商业网点密度是分析商业网布局是否合理的一个重要指标。旅游购物网点密度是指平均每个购物网点所服务的人口数，其计算公式为：

旅游购物网点密度 = 供应人口数 / 购物网点数

旅游商店的设置要与旅游者的人口数量和分布相适应，所以旅游商店的设置和分布要考虑该区域的旅游业发展规模。一方面，应考虑目前的合理布局；另一方面，也要考虑旅游业的不断发展和商业现代化的要求，使商业网点的建设和旅游业的发展相协调。如果商业网点密度过小，不能适应旅游业发展和旅游者人数的要求，就会出现"购物难""娱乐难""吃饭难"等问题；相反，如果密度过大，则会造成供大于求、竞争激烈，甚至产生资源浪费等不良后果。

2. 旅游购物设施布局

旅游商店的设置和布局要与旅游者的数量、分布和消费需求相适应，往往需要多种类型、多种形式的相互结合，形成旅游商业服务网。旅游购物设施要与旅游景区环境、文化协调一致。

选址策略：

（1）购物设施选址的最佳位置

两个最佳位置：旅游景区前入口处和旅游景区前出口处。前入口处就是旅游景区检票入口处之前的附近位置，一般在旅游景区的有形分界线以外；前出口处就是旅游景区验票出口之前的附近位置，一般设在旅游景区内。

（2）旅游景区购物设施的插入式布局

适合面积较大的旅游景区，例如大型主题公园。

（3）旅游景区购物设施的组合式布局

山岳、水体等自然观光类旅游景区往往出口和入口合二为一，这类旅游景区的旅游购物设施主要分布在入口（出口）两侧，风景线上辅助插点布局；以朝圣为主的宗教类旅游景区适合前入口处和前出口处两点布局；博物馆、展览馆、工业旅游、农业旅游等观光类适宜在前出口处布局旅游购物设施。

旅游购物设施在主题选择上应符合旅游地的文化特点，突出地方文化特色。在商业设施的建筑造型、色彩、材质等方面，要强调与旅游地景观环境相协调；商业设施的设置不能阻碍旅游者游览，不能与旅游者抢占道路和观景空间；商业购物场所内应环境整洁、秩序良好，有供旅游者休息的场所。

3. 旅游购物设施的主题与风格

旅游购物设施的外观设计要做到设施景观化。购物设施景观化，要求其外形建设美观，有一定的艺术气息，能体现地方建筑特色。通过有地方特色的建筑外形设计，形成旅游地的一道独特风景，使其成为旅游地吸引物体系中的一个重要组成部分。

旅游购物设施的内部环境设计主要应注意设施内部装潢、色彩、照明、空气调节及适当的音响等这些构成购物设施内部环境的要素。具体来说，购物商店装饰色调适宜；陈列方式合理；室内照明均匀，光线柔和，亮度适宜；室内空气新鲜、流动通风，温度、湿度适宜；音响适当，声音景观化；有供旅游者休憩的场所等。与此同时，购物场所进行集中管理，环境整洁、秩序良好；无围追兜售、强买强卖现象。

（四）旅游娱乐设施规划

旅游娱乐设施是旅游景区为提高旅游者兴致、满足旅游者娱乐需求、放松旅游者身心、增进旅游者身心健康而建立的建筑物和器材设备。旅游过程中的娱乐活动越来越受到旅游者的重视，娱乐氛围的营造是旅游区规划管理的重要内容。不同的客源市场对休闲娱乐的环境有不同要求，就用餐环境而言，美国旅游者喜欢 3D（Dine Drink Dance），即边吃、边喝、边跳舞；而欧洲旅游者追求浪漫情调，将酒、女人和喜悦完美地结合起来，即 3W（Wine Woman Wonder）；中国人表现的则是 3C（Cheers Chat Chow）特征，就是在敬酒、喧闹、用餐过程中制造热闹的场面。旅游娱乐设施建设体现了一个旅游地的开发深度。

旅游娱乐设施种类很多，涉及体育、文艺、保健、艺术等多个方面。根据娱乐活动的内容及功能，可以将其划分为歌舞、体育健身、游戏、知识和附属等类型。

旅游娱乐设施规划要注意以下几方面：

1. 准确选定主题

旅游娱乐活动具有多样性特征，如何选择精准的娱乐活动类型进行开发是旅游娱乐设施规划的重要问题。众所周知，旅游娱乐项目是高投入的经济活动，同时，旅游娱乐项目又存在高度激烈的竞争，因此，对于娱乐主题和类型的选择关系到文化娱乐项目投资的成功与否。

在选择娱乐项目主题时要注意主题的独特性及娱乐项目主题与旅游区主题形象的一致性。只有娱乐项目与整个旅游大环境相适应才能吸引旅游者的目光，也只有具有特色的娱乐项目才能让旅游者感受异质文化的魅力。

2. 合理空间布局

旅游娱乐项目是旅游区中的辅助部分，应成为旅游者休憩活动的有益补充。但是不同类型的娱乐项目有其特定的目标客源市场，在旅游地规划时不可能将所有的娱乐项目全部集中在一处，这样既不经济也不现实。因此，在旅游娱乐项目的定位选址上，应根据不同类型的旅游娱乐项目和不同的旅游线路进行安排。一般而言，如果是度假型旅游地，旅游者住地应该设置些歌舞类艺术表演或游戏类旅游文化娱乐项目；对于商务型的旅游地，则应侧重于规划清净的附属类旅游娱乐项目，如酒吧、书吧、咖啡吧等。

3. 规划要点

适度超前与因地制宜相结合。文化娱乐项目和设施设备的质量与档次要根据目标市场、旅游者规模、经营宗旨和方针等综合决定，使项目和设施设备既先进又适用，以提高其市场吸引力及竞争力。

特色选择与市场需求相结合。文化娱乐项目的种类很多，设施设备也有不同的品种、规模、型号和档次，在设计时必须进行充分的可行性研究，选择独具特色的项目及设施设备。在同一个旅游目的地内拥有较好市场的往往是那些富有个性、设施设备先进、服务质量优良的项目。

配套齐全与分期实施相结合。除基本的设施与环境外，还需要相关的配套服务项目和设施，以保证整个旅游消费过程愉快、顺利地进行。例如，康体游憩场所一般有收银处、会议室、员工休息室、电机房、空气调节房、洗衣房和储物室等配套设施。

必需的数量与必要的质量相匹配。所有文化娱乐项目在设计时都要求主要设施设备与配套设施设备在规格、档次、数量等各方面相适应。例如，健身房的主体建筑和各种健身器材的档次一致。桑拿浴室的面积与更衣箱的数量相匹配。

（五）旅游解说系统规划

解说系统是旅游目的地诸要素中十分重要的组成部分，是旅游目的地的教育功能、服务功能、使用功能得以发挥的必要基础，是管理者用来管理旅游者的关键工具。"解说系统"的含义，就是运用某种媒体和表达方式，使特定信息传播并到达信息接收者中间，帮助信息接受者了解相关事物的性质和特点，并达到服务和教育的基本功能。

通过有效的解说，旅游目的地达到使旅游者了解其重要性、意义和主要特征的目的。随着旅游业的日趋成熟，旅游者在旅游目的地的需求变得越来越丰富多样，旅游解说不仅在为旅游者提供良好的旅游经历方面发挥着有效的作用，而且也为旅游景区提供了一种有效的管理工具，帮助旅游目的地减少随着大量旅游者的涌入产生的对资源和当地社会的负面影响。此外，旅游解说还在环境保护主义者和资源开发利用主义者之间建立了沟通和平衡的桥梁，成为一种实现既保护又利用的双重目标的综合管理工具。

1. 旅游解说系统类型

按照为旅游者提供信息服务的方式来分类，旅游解说系统可以分为向导式解说系统和自导式解说系统两类。有的研究者将向导式解说称为动态解说系统，自导式解说称为静态解说系统。

（1）向导式解说系统

亦称导游解说系统，以具有能动性的专门导游人员向旅游者进行主动的、动态的信息传导为主要表达方式。它的最大特点是双向沟通，能够回答旅游者提出的各种各样的问题，但它的可靠性和准确性不确定，主要由导游、讲解员的素质决定。

（2）自导式解说系统

是由书面材料、标准公共信息图形符号、语音等无生命设施或设备向旅游者提供静态的、被动的信息服务。它有多种形式，包括牌示、解说手册、导游图、语音解说、录像带、幻灯片等，其中牌示是最主要的表达方式。自导式解说系统的优点是解说内容精炼、具有较强的科学性及旅游者选取信息的自主性，不足是不能双向交流，无法即时获取一些满足个性需要的信息，另外，受篇幅、容量限制，自导式解说系统提供的信息量有限。

旅游解说系统存在语言选择。对于外国旅游者经常到达的区域，外语解说尤为重要。旅游解说系统是对旅游者旅游行为的一种关怀，因此，一定要把旅游者的行为和心理研究放在重要的地位上，同时，它也是对旅游区空间的整理，对旅游区旅游活动的管理。旅游规划中的许多理念可以通过旅游解说系统的规划来体现，因而是旅游规划的重要组成部分。

2. 区域解说系统的结构

就一个具体区域而言，旅游解说系统规划可以在空间范围上划分为以下几方面内容：

（1）交通导引解说系统

现代城市是旅游目的地系统中极为重要的一环，随着立体交通的发展，城市道路交通变得错综复杂且快速繁忙，如果没有良好的交通导引系统，要实现交通畅通是不可能的，而在人口密度较小的自然风景区，旅游者对当地的交通环境十分陌生，如果没有良好的交通导引系统的帮助，就会迷失方向。因此，城市和旅游区都有必要设置完善的交通导引系统。

（2）接待设施解说系统

包括旅游者入住和到访的各类宾馆、旅馆、餐饮设施、旅游购物等场所。要根据国家旅游行业标准的规定，采用统一规范的公共信息图形符号，以便向不同国籍的旅游者提供准确明了的服务信息。另外，上述设施的"解说"也包括加注外语。在旅游区物业管理上，要将"员工住宅请勿入内""小心路滑""小心您的财物"等标语贴于相应位置以告知旅游者，对附设设施的使用方法、位置等要进行说明，针对国外旅游者的旅游手册还须加入游览条例等内容。

（3）景区解说系统

景区解说系统一般由软件部分（导游员、解说员、咨询服务等具有能动性的解说）和硬件部分（导游图、导游画册、牌示、录像带、幻灯片、语音解说、资料展示栏柜等多种表现形式）构成。

（4）游客中心解说系统

在旅游区入口、城市广场、交通站等场所，往往设有游客中心，其中建有休闲茶座、咖啡厅、问讯处、导游接洽室、厕所、礼品商店等设施，这些游客中心应向旅游者免费提供旅游印刷物，可供旅游者随身携带，更重要的是为自助游旅游者提供信息支持。

3. 旅游标识系统规划设计

规划内容包括标识类型、标识牌风格、图案与内容、材料选取等。规划设计要点如下：

①力求类型和品种齐全。

②形态风格与内容统一，与环境相协调。

③标识牌选点准确、易于被感知。

④选材要适应环境，不易腐烂，不对环境造成破坏或污染。

（六）游客服务中心规划

游客服务中心是旅游景区（点）设立的为旅游者提供信息、咨询、游程安排、讲解、教育、休息等设施和服务功能的专门场所。游客中心具有集散、中介、交通和综合等多种服务功能，旅游者在此可以获得咨询、购物、住宿、餐饮、解说、医疗、管理等综合服务。游客服务中心为旅游活动提供全面系统的服务支撑。根据旅游景区的发展规模和空间布局，有些较大的旅游景区设置旅游服务中心、旅游服务次中心和旅游服务点三个级别的旅游服务中心体系，以提供及时、便捷、完善的服务。游客服务中心一般与停车场相连，负责内外交通的转换，即承接旅游者的安置、疏散、旅游景区内外的交通衔接，确保旅游景区交通畅通。

游客服务中心规划主要包括区位选址、外观设计、服务设施、服务质量等内容。

1. 区位选址

游客服务中心选址合理与否，直接影响到其所承载的众多功能能否得到充分发挥。游客服务中心选址既要符合旅游景区规划的要求，也要视旅游景区规模和游客量而定。

游客服务中心一般应该设置于旅游者易于到达、便于集散的区域，如旅游景区前端有较大的活动空间的地带，便于旅游者集散、购票、咨询和换乘车辆等活动。

根据旅游景区规模大小及资源分布情况，游客服务中心可以单独设置，也可分级布设。游客服务中心的设置还应考虑水、电、能源、环保、抗灾等基础工程条件及选址的自然环境、交通情况和地势等。

2. 外观设计

游客服务中心建筑外观除须具备醒目标识外，还应与周围环境相协调。边际建筑理论认为，游客服务中心具有典型的边际特征，其建筑色彩、体量、风格等应巧妙地融入自然环境中，保持与自然景观的协调一致性。与此同时，建筑形式要充分体现本土人文特色，与地域文化氛围相融合，而新兴或科技型旅游景区在游客服务中心设计时，外观上可以表现出强烈的时代气息，运用现代化的设计手法。如玉龙雪山旅游景区游客服务中心采用了当地文化图腾的外观风格、秦始皇兵马俑博物馆游客服务中心采用与展厅建筑风格相一致的设计、大理南诏风情岛上的游客中心也从建筑外观和选材方面与周围环境协调，着重突出了游客服务中心与旅游景区整体景观和形象的和谐性。

3. 功能设施

游客服务中心是旅游景区形象展示和对外管理的主要窗口，具有引导、服务、解说、集散及游憩五大传统功能。游客服务中心的功能设施可分为服务设施、管理设施、交通设施及基础设施四大类，其中服务设施最为重要，包括接待、信息、餐饮、住宿、购物、娱乐、医疗卫生和其他辅助设施。当然，根据不同旅游景区的实际情况，服务设施可以有所取舍，如餐饮、住宿设施等应根据旅游景区实际情况来设置。

一般来说，游客服务中心的服务设施应满足以下需求：

第一，功能完善。一般应提供交通集散、信息咨询、旅游景区宣传、旅游景区导游、商品购买、游憩休闲、住宿餐饮、商务等服务类型，并且在空间上的功能分区和动线组织较为合理。

第二，设备先进。游客服务中心的设施应完善而且较为先进，特别是在信息服务方面，互联网宽带接入、电子导游等设施应齐备。

第三，宣传资料齐备，有特色。游客中心作为旅游景区信息中心和营销中心，公众信息资料（如研究论著、科普读物、综合画册、音像制品、导游图和导游材料等）应特色突出、品种齐全、内容丰富、文字优美、制作精美、适时更新。

游客服务中心除了有完善的设施、舒适的环境、特色的饮食外，还需要有良好的服务态度和热情、规范的服务。游客服务中心服务人员按照相关规范的要求配备齐全，做到业务熟练，服务热情，讲普通话。

游客服务中心还要按照相关要求提供智慧旅游设施，如电子触摸屏信息查询机并保证该机器信息的持续更新和正常使用。除此之外，旅游景区还应在游客中心处免费发放和提供各种语言版本的旅游景区对外宣传材料，方便旅游者取阅。根据游客服务中心的游憩休闲功能，还应该提供诸如视听中心、互联网浏览区、游客休息区等。当有儿童或残疾人等特殊旅游者时，游客服务中心还应该能够为其提供童车、轮椅和拐杖等服务，同时，还可以为旅游者提供系列便民服务，如医务中心、手机加油站、公用电话及邮政服务等。

第三节　旅游景区可持续发展规划

一、可持续发展与旅游景区规划

旅游景区是旅游资源集中地，旅游资源与旅游环境是旅游业赖以存在的物质基础，同时旅游资源又是一类稀缺性资源，并且对环境有高于其他资源的依赖性。因此，旅游资源的开发既包括资源的利用又包括资源及环境的保护，即旅游资源与环境的可持续开发。旅游资源与环境的可持续开发，首先就是要运用可持续发展理论、结合旅游自身的特色来指导旅游景区的规划。

（一）可持续发展的基本内容

可持续发展的基本内容可归纳为 4 个方面：

1. 强调首先要发展

人类需求和欲望的满足是发展的主要目标，发展是人类永恒的主题，是人类共同的、普遍的权利和要求。不论发达国家还是发展中国家都享有平等的、不容剥夺的发展权利。这里的发展包括经济、社会和自然环境在内的多种因素的共同发展。

2. 强调持续性，即经济发展的持续性

一方面，经济增长必须在保持自然资源及其所提供服务质量的前提下，使经济利益的增加达到最大限度。另一方面，可持续发展要求人类对生态环境的利用必须限制在生态环境的承载能力之内，也就是对发展规模、发展速度要有一定限度的限制，改变长期以来人类在追求发展、经济利益的过程中以牺牲生态环境、历史文化遗产为代价的做法，以保证地球资源的开发利用能持续到永远，以便给后代留下更广阔的发展空间。

3. 强调公平性

可持续发展满足全体人民的基本需求和给全体人民机会以满足他们要求较好生活的愿望。要给世界以公平的分配和公平的发展权，要把消除贫困作为可

持续发展进程特别的问题来考虑。

4．强调共同性

可持续发展共同性缘于人类生活在同一地球上，地球的完整性和人类的相互依赖性决定了人类有着共同的根本利益。地球上的人，生活在同一大气圈、水圈、生物圈中，无论是穷人还是富人，本国还是别国，彼此之间是相互影响的。因此，必须采取全球共同的联合行动。

（二）可持续发展理论在旅游景区规划中的应用

1．作为旅游景区总的规划理念

可持续发展的思想与理论对旅游业的发展具有特别的针对性。一方面，旅游业作为一项环境资源产业，可作为可持续发展关于环境与发展命题的原型和实例；另一方面，关于旅游业是社会事业还是经济产业的争论，充分而生动地展现了旅游在可持续发展中的意义和作用。因此，可持续发展的思想和理论必然成为旅游规划的核心指导思想。可以说，可持续发展思想和理论不仅对以前旅游规划的思想和理论产生了革命性影响，更为重要的是，它为旅游规划过去的困惑指出了正确道路和解决方法。旅游规划需要过去的产业思想和景观美学思想，更需要新的环境保护思想、文化完整性思想，以及代与代之间，游客与接待区之间，旅游商家、政府与非营利组织之间平等的思想。总之，旅游可持续发展首先要求旅游规划以可持续发展的思想作为总的指导理念。

2．对旅游景区具体规划的指导

从前面旅游可持续发展的含义可知，旅游可持续发展要求实现3个目标的协调和平衡，即旅游经济的可持续、生态环境的可持续和社会文化的可持续。这就意味着，旅游规划要确保旅游业的积极影响达到最大，消极影响降到最小。因此，旅游规划的目标，首先是增加游客的满意度，以维持旅游市场的持续增长；其次是增加旅游收入，以吸引和加强旅游投资，保障旅游供给，维持旅游供给和需求的动态平衡；再次是保护旅游资源，以维持旅游资源代内和代际的持续利用（包括自然的和文化的）；最后是加强旅游社区和地区的联系，以维持接待区和游客之间的社会协调。

3.旅游景区规划中应用可持续发展理论的具体方法

旅游可持续发展的多元化目标，要求旅游规划在方法上更加综合和系统。它不仅要求对旅游功能系统结构要素进行综合，还要对其依存的社会、经济和环境系统进行综合，因此还需要从环境和可持续发展的角度，运用环境容量和社会经济容量的方法，以及社区参与的方法。旅游可持续发展对规划的要求较之以前的规划更具综合性、弹性，不仅要根据市场信息的变化和反馈进行调整，而且要根据环境和社会文化的变化进行调整。因而旅游可持续发展的规划实际上是个连续动态过程，要求既能处理不同空间尺度的连续一致性，又能处理近期、中期和远期等不同时间尺度的连续一致性。

总体上，作为一种先进的旅游开发理念，旅游可持续发展理念对传统旅游开发规划从规划思想、规划目标到规划方法等各个方面和各个环节都提出系统的挑战和要求。这是学科的，也是世界性的，应该得到中国旅游规划界的积极响应。

二、旅游对景区的影响

旅游景区是旅游的对象，是游客集中的地方。旅游的开发，改变了景区内资源原有的利用方式，也改变了对景区施加影响的人的群体和规模。这些改变必然引发景区一系列的变化，概括起来体现在三大方面：对景区及周边社区的经济影响；对景区及周边社区的环境影响；对景区与周边社区的社会文化影响。

（一）对景区与周边社区的经济影响

1.旅游的经济效应

（1）旅游资源开发的正面经济效应

旅游资源是旅游业发展的依托和基础，独特且具有吸引力的旅游资源是旅游业发展的灵魂。旅游资源要进入市场，必须进行资源开发使之成为旅游产品。从这一角度讲，正是由于开发才使旅游资源具有了经济性。科学、合理、有序的旅游资源开发会给旅游地带来诸多正面经济效应，而这些效应正是通过其对旅游业发展的促进作用才体现出来，具体表现在：

①促进旅游地经济发展

对任何旅游景区而言，发展旅游业的最先目的往往是为了获得收入，促进本地区的经济发展。由于旅游牵涉的直接与间接行业多，因此，旅游有其他产业难以达到的对当地经济的带动、促进作用。旅游还能带动投资，增大地方经济规模。旅游还有很好的扶贫功能。自然环境与传统文化保存较好的地区，往往是经济落后的老、少、边、穷地区，这些地区也是生态脆弱地区，当地资源在其他经济领域用途十分有限，在难以找到经济发展出路的情况下，旅游几乎成了最佳选择。这使旅游景区的开发带有浓郁的扶贫色彩。

②提供劳动就业机会

旅游业是一种劳动密集型产业，景区的开发需要宾馆、旅行社、交通、邮政、电力、购物等配套设施为其服务，这些设施需要大量从业人员来支撑运作，这就为社会创造了就业机会。

③带动相关产业发展

成功的旅游资源开发，不仅能够使当地政府和居民赚取外汇收入，而且能够带动相关产业的发展。这些产业的发展，也提高了国家的税收收入。同时，旅游业的健康发展，能够促进旅游地经济结构的调整。旅游地为满足旅游者在旅游过程中的需要，必须调整原来的经济产业结构，使之与旅游需求相适应。调整和改变力度较大的首先是为旅游业直接提供服务的领域，如交通、通信、建筑等。这些领域的发展，又要求其他部门的发展与之相适应，从而改变了原有经济结构和部门布局。

④平衡地区经济

景区多位于经济相对落后的内陆地区、山区、边远地区、交通闭塞地区，而出游能力强的主要客源地是经济较发达地区。来自经济较发达地区的旅游者的单向性资金流注入经济欠发达地区，可以起到平衡地区经济收入差距的作用。

（2）旅游资源开发的负面经济效应

旅游在给旅游区经济发展带来促进作用的同时，也会带来一些不利影响。

①过分依赖旅游业可能导致区域经济发展的不稳定性

旅游的发展受多种因素影响，这些因素复杂多变，导致旅游业也具有高度敏感性和脆弱性，一旦出现传染病流行、主要客源国或地区政策改变等因素，将导致整个旅游业出现滑坡、萧条、萎缩，甚至导致区域经济出现危机，最终致使经济一蹶不振。

②旅游过度发展可能导致产业结构的不利改变

旅游开发以后，可能会因为旅游业收入高于其他一些行业收入，一些人放弃原从事的职业而改行进入旅游业。如弃农经旅，致使农副产品生产能力下降，不能满足旅游发展对农副产品日益增多的需求，从而导致农副产品价格上扬；不仅改变了当地产业结构，影响区域经济发展，也引起当地居民的不满。

③旅游业发展可能导致旅游区物价和地价上涨

旅游发展规模增大以后，对食品、日用工业品、手工艺品和土特产品等的需求量剧增，提高了这些商品的利润，导致物价猛涨。同时，由于景区的开发，宾馆、饭店、度假村、旅游设施等要占用一批土地，虽然土地拥有者和建筑公司的收入增加了，但当地居民不得不为自己的食品、日用品及个人住房建造、购房、租房付出更多的开支，也易造成当地居民的不满。

2. 旅游对景区与周边社区的经济效应的评价

（1）对景区经济效应的评价

对景区经济效应的评价，可以景区旅游收入和经营利润率及投资收益率等指标来衡量。景区旅游收入是指在一定时间内，景区向旅游者销售旅游产品、旅游商品和其他劳务所获得的货币收入的总和。在旅游产品生产和经营的成本结构不变的情况下，旅游收入的多少与旅游利润成正比例关系。因此，旅游收入的增长对景区资金的积累与发展起决定性作用。旅游收入直接反映了某一旅游目的地旅游经济运行状况，是衡量旅游经济活动及其经济效益不可缺少的指标。

景区经营利润率是指一定时期内景区旅游企业利润总额与营业收入之比。该指标用以衡量景区的盈利水平。

投资收益率是指一定时期内，由旅游投资带来的利润额与投资总额之比，反映单位投资所获得的利润。

（2）旅游对景区周边社区的经济效应的评价

旅游对景区周边社区的经济效应主要用居民旅游收入乘数、旅游就业乘数、政府旅游税收的增长来衡量。

居民旅游收入乘数指单位旅游投入增加额与由此导致的该地区居民总收入增加额之间的比率关系。该乘数表明景区的开发给当地居民收入的增加带来的影响。

居民就业乘数指单位旅游投入增加所创造的间接与直接就业人数之间的比率关系。该乘数表明景区通过一定量的旅游收入，对当地经济系统产生连锁反应，及其对最终就业机会的影响。

（二）对景区及周边社区的环境影响

1. 旅游的环境效应

环境是人类生存和发展的基本空间，包括自然生态环境、社会政治环境等，是一个意义广泛的概念。旅游资源是构成环境的一部分，旅游资源开发总是在特定的环境中进行。良好的环境对发展旅游业具有不可低估的推动和促进作用，而旅游资源的合理开发又能促进环境的保护。

（1）正面的环境效应

①促进生物，尤其是珍稀濒危生物的保护

珍稀濒危生物主要分布在自然保护区和自然保护点上，是在人类已普遍地影响自然生态环境状况下遗留下来的、不可多得的"自然遗产"。由于其生态系统保护良好，景观及环境的美学价值、科学价值高，因此它为人们进行生态旅游提供了极佳的资源与环境。从前，对于自然保护区和自然保护点主要强调的是对其资源与环境的绝对保护，结果是经费投入少，管理不力，保护区内及周围群众生活无保障，偷伐、偷猎、偷垦等现象屡禁不止，导致自然保护无力，未能达到真正的保护目的。现在，在自然保护区内开辟"旅游小区"，一是可以起到对周围群众和旅游者进行生态环境保护意识的教育；二是可为自然保护区的珍稀濒危生物保护等寻求到经济支撑，增加保护和管理的力度；三是通过旅游开发可帮助当地群众就业和脱贫致富。

②促进水体保护和水体污染的治理

旅游的开发在一定程度上对水体保护和水体污染治理起到了良好的促进作用。一些旅游地域山清水秀，水体洁净，优于周围其他地域的水体环境。

③促进大气环境保护和治理

洁净的大气本身对旅游者就有较强的吸引力，也是较高旅游环境质量的一种体现。大气的污染将会导致旅游者感知——体验质量的下降。为此，各旅游地域对大气环境极力进行保护，对大气污染进行治理。

④促进地质地貌的保护

一些典型的地质、地貌现象不仅是自然生态环境的组成部分，还是重要的旅游资源。为使旅游业能持续地发展，各国、各地区开展了一些地质、地貌现象的保护工作。

总之，旅游开发、特别是生态旅游开发，提高了人们对自然生态环境的认识。通过法律法规等手段进行管理，一方面保护了自然生态环境及其组成要素，使生态环境进入良性循环之中；另一方面通过旅游开发，整治了生态环境，使"山不青"变成"山青"，"水不秀"变成"水秀"，逐步提高了环境质量，促进了生态环境的保护和改善。

（2）负面的环境效应

旅游资源开发也为环境带来不容忽视的消极影响和负面效应。

①土壤因践踏而板结

旅游资源经过开发投向市场后，必然会吸引一定的旅游者前来旅游。众多游人反复地践踏，往往会引起土壤板结，进而影响植被的生长。

②垃圾与废水的倾倒引起水污染

水是人类生活必不可少的，也是旅游业发展至关重要的物质因素。旅游资源开发引起的旅游者数量的增加，必将加大对水尤其是淡水的需求。一些淡水资源不是十分丰富的地区可能会面临缺水问题。旅游者带来的大量生活垃圾未经处理就直接排入河流、湖泊及海洋之中，这些垃圾除直接污染水质外，还会因过多营养物质进入水体而破坏水体中的生态平衡。

③植被遭受破坏

许多植被本身就是珍贵的旅游资源，而旅游资源开发可能会对这些植被造成不同程度的破坏。旅游者在旅游活动中，任意采摘各种花卉、攀摘树枝和果实、随意砍伐树木作取暖或搭帐篷之用等行为，严重破坏了物种和林木。

④动物受到干扰和捕猎

大多数野生动物是不与人类接触并亲近的，而打猎、观赏、为野生动物拍照是针对动物旅游资源开展的最重要的旅游活动。人类的旅游活动不可避免地影响了动物的生活和生存环境。最为严重的是在一些拥有野生动物资源的地区，人们为了满足旅游者中一些人食用野生动物的癖好以及购买动物制作纪念品的需求，为了赚钱肆意捕杀野生动物，导致野生动物数量的减少，甚至一些珍稀物种濒于灭绝。

⑤大气因旅游交通与餐饮等而受污染

旅游活动的实现要借助飞机、轮船、汽车、火车等交通运输工具。所有这些交通方式都对大气产生污染，汽车对城市旅游地的污染尤为严重。饭店在做饭的过程中燃烧煤炭等燃料及产生的油烟会污染大气。

⑥噪声污染

大量旅游者涌入旅游地，人为地制造了许多噪声，而且各种交通工具的运行也产生噪声污染，其中最为严重的是飞机起飞或降落时的噪声。

⑦对旅游地居民生活环境的干扰

旅游资源开发带来的大量旅游者的涌入，可能会使旅游地变得拥挤不堪，旅游景区开发与区域经济发展

使当地居民的生活空间环境变得相对狭小，给居民的生活带来极大不便。

2. 旅游影响景区环境的途径

旅游可通过多种途径并在旅游活动中的食、住、行、游、购、娱等各个环节影响景区环境。对景区环境施加影响的既有旅游者，也有旅游管理者、旅游经营者、当地社区居民。旅游者是需求方，旅游经营者、旅游管理者、当地社区居民总体上代表供给方。在旅游系统中，由于各自的角色不同，因此施加影响的方式也不同，所产生的影响有直接影响与间接影响之分。

旅游通过如下途径影响景区环境。

（1）旅游者的旅游活动

旅游者在旅游活动中践踏植被、踩实土壤、制造喧哗，有些素质较差的旅游者摘花折木、乱扔垃圾、乱刻乱画、食用野生动植物。过多的旅游者也会冲淡地方社会风情。

（2）旅游经营者的经营活动

旅游经营过程中交通、餐饮、住宿等排放的"三废"造成环境的污染。旅游经营者经营方式的偏差也会引起环境问题，如某些自然景区经营者为增加旅游吸引力而引入区外动物，改变了景区的生态结构，导致难以预测的后果。

（3）旅游设施建设活动

具体表现为炸山开路、大兴土木、乱建索道、饭店过于靠近海滩等。旅游开发并不否定修建必要的旅游设施，但应尽量避免对景观与环境造成破坏。

（4）当地居民的态度

当地居民对旅游欢迎或抵触的程度，决定了他们对景区资源与环境采取的是维护还是破坏的行为。旅游景区应尽量与当地社会形成一个利益共同体。

（5）旅游管理者的管理方式

旅游管理者通过制定有关政策、标准、规划等，并监督这些规章的实施，来约束旅游投资者与经营者，从而间接影响景区的旅游环境。

（三）对景区及周边社区的社会文化影响

旅游资源开发能吸引国内外旅游者前来观光旅游，从而加强旅游地同世界各国、各地区的联系，消除社会、民族、种族等偏见，促进当地社会的发展，增强相互理解。旅游活动是一种综合性的社会文化活动，旅游者以其自身的行为方式、生活习惯、价值观念介入旅游地生活中，会对当地居民，尤其是青少年产生示范效应。这些效应可能会起到改善和提高旅游地居民的卫生条件、生活习惯、生存意识及当地居民文化水平等功效。旅游的发展有助于历史文物古迹的修复，抢救一些即将失传的语言、音乐、文字，使传统文化得到继续发展的现代支撑，为解决社会发展与保持传统文化的矛盾找到了一个很好的途径。

旅游的发展还能激起地方居民对本民族文化的自豪感。旅游资源开发对旅游地产生社会文化效应是一个循序渐进的过程，许多效应仍亟待研究和评价。

旅游是一把双刃剑，景区的开发既可带来正面的效益，也会带来负面的影响。居民对旅游的态度转换取决于居民从旅游中获得的收益与支付的代价之间对比关系的转变。在景区开发的初期，当地居民更关心的是旅游带来的经济收益，同时旅游带来的负面影响还未充分显现，故在早期阶段一般持欢迎态度；但到了旅游比较成熟阶段，旅游对地方经济增长的拉动明显减少，而旅游所带来的物价升高、环境破坏、地方文化特色消失、传统生活方式消失等影响积累到了一定程度，使当地居民产生反感。由欢迎到反感有一个演化过程，各阶段有一定的特点。

三、旅游景区可持续发展的调控

（一）对经济影响的调控

1. 尽量在保护的前提下扩大旅游规模

旅游规模的扩大意味着获得更多的收入，只有收入较多的情况下，才有可能使更多的人受益，这是一个必要条件。因此，对旅游景区的开发应该从一开始就坚持高投入、高产出、分期滚动发展的原则，以使资源能得到有效利用与保护。实践证明，小投入往往与低水平、短期行为相伴，并以高强度消耗资源与不顾环境破坏为代价。在景区投资强度上，政府可通过旅游规划、项目审批加以调控。

2. 尽量让当地居民参与旅游，从中受益

居民是旅游目的地的主人，他们的态度与旅游可持续发展密切相关。居民参与旅游的方式是多种多样的，比如以股份的形式参与旅游投资、发展家庭旅馆、出售土特产、歌舞表演、进入景区就业等。景区还可以资助地方教育、改善基础设施等方式让地方受益，从而获得地方的支持。

3. 尽量依靠当地供给，减少收入漏损

景区日常餐饮、卫生、办公等原材料的消耗，在满足质量要求的前提下，尽量从地方购买；景区员工尤其是技术要求不高的职位所需员工应尽量在当地招收，招收后可进行适当的培训；还可以鼓励当地居民参股等。这些做法可扩

大景区与地方经济的关联度，减少旅游收入的外流，并将景区的发展与当地经济的发展有机地联系起来，获得当地民众与政府的支持。

（二）对环境影响的调控

1. 认识与利用旅游开发与环境保护规律

旅游景区开发中也存在各种各样的矛盾，旅游在一定程度上也加速了环境损耗和地方特色的消失，伴随经济效益增长的是生态环境、自然景观、文化特色和传统习惯等付出的代价。旅游业赖以发展的旅游资源是有限的，那种对旅游资源"杀鸡取卵、涸泽而渔"的做法，片面追求高速度、高效益，造成旅游越发展环境污染越严重的状况，不符合人类社会发展的总目标。尊重和保护旅游资源和环境，不断改善环境质量、促进人类和环境和谐共处，是旅游发展的根本目的。这就要求必须从旅游开发与环境保护的相互关系中探寻内在规律，以针对不断恶化的生态环境，加强旅游开发与环境保护的一体化研究；采取合适的方针政策及有关措施，促进旅游与自然、文化、环境融为一体。

2. 做好旅游开发规划

旅游开发对环境的负面影响是可以预防的，预防的重要手段之一是作好旅游开发规划。科学的规划可以合理利用资源并有效保护环境。任何景区的开发规划都必须进行资源、环境保护规划，景区的资源与环境保护规划可在景区的定位、设施的布局、保护区的划分、植被绿化保育区、垃圾收集系统、"三废"处理、噪声控制、环境教育解释系统、旅游管理规划上得到全方位的体现。旅游景区开发应规划先行，用规划做指导，各方面携手合作，以保证旅游发展与环境和谐。

旅游景区规划时要考虑旅游资源状况和特性及分布，旅游者类别及需求特征，旅游环境容量大小，旅游区生物多样性程度和保护条件及自然资源的可持续利用，旅游区各方面的公平发展与各方利益等。在不破坏生态旅游环境基本原则指导下，分析生态旅游区的重要性，进行功能分区，选择适合动物栖息、植物生长、旅游者旅游和居民居住的各种规划方案，充分利用河、湖、山、绿地和气候条件，为旅游者创造优美景观，为当地居民创造舒适、卫生、静谧的居住环境。

3. 制定有利于旅游环境保护的政策

政策往往是发展的先导，是进行管理的前提和条件，因此旅游发展政策是进行生态旅游环境保护和治理的重要条件。

（1）经济政策

根据旅游业在当地经济、社会发展中的定位，为维护美丽景观和田园特色及"原汁原味"的生态系统，实现旅游的持续发展，一些对环境资源有破坏作用的产业，即使经济效益再高，也不应批准投资；而对于农业生态系统的初级生产部门和野生动植物园的开发部门，虽然短期经济效益不高，但其发展有利于提高景观生态多样性，增强地方田园特色，可长期吸引更多生态旅游者，应是当地政府重点支持发展的产业部门。

（2）环境政策

旅游的基础在于良好的旅游资源和环境，旨在促进区域发展的同时，实现环境良性循环。为预防景区开发可能引发的环境退化、污染、破坏等，在制定旅游规划时，务必弄清其潜在的环境影响，对拟开发的每一个旅游项目（产品）都要进行环境影响评价，对不符合环境标准的项目坚决予以取缔；对建成运营的项目，根据国家或地方有关环境法规征收环境税或排污费，引导、调控旅游项目的投资开发方向。

（3）技术政策

要通过设立技术指标来限定旅游开发所引起的不良环境影响。这种技术指标可在项目审批、旅游规划、审计与监督时作为依据与限制条件。技术标准有国家级相关技术标准、地方技术标准。由于大众旅游发展历史不长、实践时间有限，同时景区的环境承载力又因自身的情况和旅游者的素质不同而异，技术标准制定有一定的难度。可以参照国外的标准及其他行业有参考价值的国家技术标准，比如景区的水质标准可借用国家一级水质标准的指标来衡量。

（4）社会政策

景区的开发应充分考虑当地居民的利益，使景区开发得到当地居民的支持，从而改变当地居民以往那种对景区资源物质性索取的利用方式，并使之成为资源与环境的配合者和主动保护者。旅游景区开发要尽量不损害当地的社会文化价值和民族生活习俗等。

4.认真进行环境影响评价和环境审计

（1）环境影响评价与环境审计

①环境影响评价

环境影响评价又称为环境效应评价（Environmental Impact Assessment，EIA），是进行环境预防管理的有效方法。EIA是对由于实施某些项目，而对地球的生物物理环境和人类的健康及福利产生的各种可能后果进行辨识，并在能够实际影响决策的阶段向负责该项目的有关人员或机构传递其分析结果的过程。EIA原来主要指开发项目对自然环境的生物和物理要素产生的影响，现在具有更广泛意义——将环境理解为由生物、物理、社会、经济、文化诸要素共同组成的一个复杂有机系统。EIA是一个包括行政管理部门、环保部门、公众参与决策的过程。

②环境审计

环境审计（Environmental Audit）是环境质量管理法制化的产物，是现代审计制度的一个重要组成成分。环境审计既是审计监督体系的一个分支，又是环境管理的有效工具。它是审计主体（包括国家审计机关、社会审计组织和具有审计师资格的人员）依法对被审计单位（企业、行政、事业单位）的开发活动、政策和环境行为进行的，评价其是否遵从已制定的环境规章、制度、标准和政策的一种审查活动。审计的内容包括：国家环境政策和项目的审计；政府部门和国有、私有企业（公司）对国家环境法律、法规的执行情况；评估国家和地方政府现有及拟议中的环境政策和项目对环境的影响；其他开发行为的环境政策和项目对环境的影响等。

环境审计的程序是：评价——确定被审计对象的实际状况；检验——比较被审计对象的实际状况与预测值之差异；确认——确认比较结果。

③环境影响评价与环境审计的关系

环境影响评价注重科学的预测，重点剖析经济活动与环境变化的关系规律，判断项目的可行性（包括项目内容、性质、规模和选址等），并提出切实可行的环境保护方案。环境审计则是着重评估项目运作中的实际环境表现，比较预测值与现实值之差异，从而确定项目成功与否。

（2）旅游开发活动的环境审计

将环境审计应用于旅游开发中，目前尚未见到有关报道。这一方面是由于人们认识上还未统一，一般认为环境影响评价已足够；另一方面环境审计本身无论概念还是手段、方法均还不完善，加上缺乏有效的机制和权威机构，环境监测数据难以配套等限制因素的存在，因此目前将环境审计应用于旅游业中还不成熟。但是，作为旅游业可持续发展的重要保障手段，环境审计逐步成熟，应用于旅游业已是大势所趋。

①旅游环境审计的概念

旅游环境审计（environments auditing of tourism development）是指审计机构或人员依法对旅游开发单位（或个人）进行的有关经济活动、环境管理与生态保护的真实性的评价和检查。其性质与环境审计的一般特征相一致。

②旅游环境审计的内容

A. 对旅游环境管理条例及其实施情况的审计。

B. 对旅游规划和旅游保护规划方案及其实施情况的审计。

C. 对旅游产品的环境合法、合规性审计。

D. 对旅游建设实施情况的审计。

E. 对旅游开发中的环境负债审计。

F. 对旅游交易和旅游商品开发的环境负债审计。

G. 对旅游开发外部不经济性的审计。

H. 对旅游开发政策，遵守国际、国家和地区条约情况的审计等。

最终目标是实现区域旅游的可持续发展，保证环境、经济、社会的效益的全面提高。

③旅游环境审计的具体目标

A. 揭示旅游开发过程中出现的环境问题，明确责任。

B. 检查生态环境保护规划的执行情况、执行效果，存在的问题及其原因。

C. 科学估算旅游开发引起的环境污染、生态破坏、社会损失的经济价值（包括直接损失、间接损失、区内损失和域外损失）。

D. 评价环境管理系统的健全性和实施效率。

E. 建立健全旅游业环境会计核算制度，提高企业领导者和员工的环境保护意识和环境危机感等。

近年来，新的法律、技术和设备不断出现，使环境保护、管理、规划有了长足进步。随着公众对环境问题日益关注及对可持续发展战略的广泛支持，环境影响评价和环境审计也将为生态旅游的环境保护、规划和管理提供有效方法。

5. 实施生态管理

旅游管理者往往是生态旅游资源和环境保护的引导者和监督者，对其进行生态环境教育是发展生态旅游的要求。旅游管理者在接受生态环境教育后，会重视生态旅游资源普查与科学评价，组织制定生态旅游发展纲要和规划，确立生态旅游发展的基本策略、方向、目标、重点和实施步骤及相应措施，营造旅游的协调管理与保护机制，为生态旅游企业和旅游者传递有关生态旅游与生态旅游环境保护信息。旅游管理者在有较好的生态环境意识后，会组织或支持研究、制定或接纳某些保护环境的生态旅游标准。

6. 对旅游者进行生态环境教育和管理

对旅游者和潜在旅游者在旅行前进行生态旅游环境意识教育，如开办自然学校对青少年进行生态环境保护教育，增加环境意识，建立生态博物馆，进行生态导游等，使他们懂得作为一个旅游者，特别是生态旅游者必须履行的生态义务、奉行的生态道德，提倡生态文明。

对旅游者可进行保护生态旅游环境的技术引导，这一工作可从以下几个方面进行：

在旅游区内设立具有环境意识教育功能的基础设施，如位于生态环境景观旁边的科学解说系统，提醒旅游者注意环境卫生的指示牌；利用多种媒体，使旅游者接受多渠道的环保意识教育，包括在门票、导游图、导游册上添加生态知识和注意事项；增加旅游商品中的生态产品；增加具有生态保护意义的交通工具；采取一定的奖惩手段；提供"取走的只有照片，留下的只有脚印"行动的废品收集器；等等。

对旅游者旅游活动进行空间上的区划引导和时间上的分流引导。在空间区划上，一方面，充分利用道路、池塘、天然小径、停车场、厕所、饮食店及信息中心等设施的布局，引导旅游者分流；另一方面，实施按保护要求进行景区保护区划（功能区划）的模式，如中国的核心区、缓冲区、外围区等分区模式，或可借鉴像加拿大国家公园的特别保护区、野生环境区、自然环境区、游憩区、服务区的模式。根据各层次的特点，在有关地点设立解说词，对分区导流、实现旅游者生态管理有较大作用。在时间分流引导上，通过一定开发手段、经济手段调节旅游者流量与流向也较为有效，如开发适合淡季的旅游项目，实行淡、旺季旅游价格（包括交通费、门票、食宿费等）浮动调节，向到生态旅游区的旅游者征收较高超常能源和资源使用税及排污费，分散假期等。

法律手段往往是管理的有力手段。景区应依照现有法规条例，如《中华人民共和国环境保护法》《中华人民共和国森林法》《风景名胜区管理暂行条例》等，结合景区实际进行管理，对破坏生态旅游资源和环境且违反有关法规的旅游者追究法律责任。

此外，在旅游区建立定位与半定位观测站、点，对生态旅游环境进行跟踪观察研究，以确定其生态旅游环境容量、注意生态环境的变化，以便采取适当的对策与措施。

（三）对社会文化影响的调控

旅游发展对当地社会与文化有正面与负面的影响。对负面的影响应采取有效的措施加以调控，使其尽量减少。目前，国内的研究集中在旅游产生的负面影响的调查分析上，但这方面的调查案例也不多。对社会文化影响调控

一般可采取如下措施：

1. 进行科学合理的旅游规划，并将规划的实施进行到底

在充分了解旅游资源与地方文化、有足够群众基础的前提下，做出科学合理的旅游规划，将旅游带来的负面影响框定在合理的范围之内。规划要预先设计一套能保障其实施的机制。

2. 进行地方文化的科学研究与抢救，使地方文化发扬光大

地方文化中有些内容历史久远，往往保存不是很完整，或有某种失真，应借助旅游开发的挖掘加以抢救，并研究在旅游开发的情况下如何继承与发

展地方文化。

3. 以教育来使地方民众增加民族文化自豪感，使旅游者尊重地方文化

在一些经济落后的地方，当地民众很容易产生文化自卑感，这种自卑感的产生使他们直接把经济的差距当成了文化的差距。实际上，经济的差距不一定代表文化的差距，现代经济发达的地区，恰恰丧失了人类所需要的本质的东西——社会的和谐与彼此关爱。这正是传统文化区普遍具有的特性。让当地民众认识到他们文化中所保留的人的本性所向往的东西，而增加他们对自身文化的自豪感。同样，也应该让游客了解到经济的优势不等于文化的优势，应该为保存有这些地方文化感到庆幸，从而自觉爱护它们。

一般而言，某一旅游地快速发展的前期，由于旅客与社区居民交流较多，尽管游人数量不多，但引起的社会文化变化程度较高；而成熟的旅游区受外部影响较小。

第四章 旅游景区产品与品牌塑造

第一节 旅游景区产品

一、旅游景区产品的概念和类型

旅游景区产品是景区经营的核心，是决定景区成败的关键，独具特色的景区产品能够激发旅游者的旅游动机，进而引发旅游者的旅游需求。

（一）旅游景区产品的概念

旅游业属于服务业，现在人们大多认为服务业产品实际上是有形制品与无形服务的综合，因此，作为旅游业的组成部分，旅游景区产品也被认为是有形产品与无形服务的综合。

无论是自然景观还是人文景观都是有形成分与无形成分的综合，如泰山虽是有形的，但是游客登泰山所产生的乐趣则是无形的；海滨虽是有形的，但与同伴漫步在海滩的浪漫则是无形的；像迪士尼乐园这样的主题公园则是由游乐项目这样的有形成分和乘坐游乐项目所产生的刺激、恐惧等无形成分所组成的。再比如，博物馆中的展品虽是有形的，但是旅游者通过展品的欣赏所获得的感受以及对历史的回顾则是无形的。

旅游景区产品一般包括三个层面：核心产品、有形产品和扩展产品。核心产品是旅游者购买的基本对象。它由对旅游者核心利益的满足而构成，即旅游者通过对产品的购买可以满足自己的核心利益。有形产品主要指产品的特色、品牌和质量等。扩展产品包括游客可以得到的有形和无形的附加服务价值和利益。扩展产品是"解决旅游者所有问题的组合产品"，甚至把旅游者还未想到的问题纳入其中。

旅游景区产品作为服务产品和旅游产品，具有以下几个特点：

第一，向旅游者提供服务的员工本身就是景区产品的一部分，因此员工的个人形象会直接影响旅游者的旅游经历，从而影响旅游者对景区产品的看法。

第二，旅游者参与产品的生产过程，旅游景区产品在某种程度上按照旅游者的具体要求来生产，因为不同年龄、不同职业的旅游者对旅游产品的看法是不一样的。

第三，旅游景区产品具有不可储存性，它无法像实物产品那样储存起来，等以后再销售使用。在某特定时间内没有售出的服务产品将不复存在。

第四，旅游景区产品具有不可试用性，旅游者通常是经别人介绍或者认可景区良好的企业形象而决定购买景区产品的。

第五，旅游景区产品具有不可移动性，物质产品生产出来后可以经过运输环节送到消费者所在地，旅游产品进入流通领域后，却仍固定在原来的空间位置上，旅游者只能去产品所在地进行消费。

第六，旅游者只享有旅游景区产品的暂时使用权，旅游者购买了景区产品，只是拥有对景区产品的暂时使用权，它的所有权并没有发生转移。

（二）旅游景区产品的类型

旅游景区发展到今天，其产品的类型已经出现多样化发展的趋势，但是每一种景区产品给旅游者带来的旅游经历和感受都是各不相同的，因此，了解每种景区产品的类型及特征，对景区的经营至关重要。目前常采用的景区产品分类方法有如下几种：

1.旅游景区产品的阶段类型

按照旅游景区产品的发展阶段不同，可以把旅游景区产品划分为人文自然景观型、人造景观型和科技参与型三类。

人文自然景观型产品主要借助本地资源特色，以自然山水景观和名胜古迹为载体，它是早期旅游的主要形式，并且延续至今。人文自然景观型产品因借助本地特色，开发成本相对比较低，但是它受地域的限制，故有明显的局限性。比如，泰山位于山东省中部，泰安市之北，为我国五岳之东岳。泰山不仅有雄奇壮丽的山势，而且有众多的文物古迹，是一座集自然景观与人文古迹为一体的旅游景区，属于人文自然景观型产品。

人造景观型产品主要借助投入产生轰动效应，对世界各地自然人文景点进行移植荟萃，目前它是景区发展的主流。人造景观型产品一般可以突破时空的限制，但是人工痕迹比较明显，难以产生持续的吸引力。

科技参与型产品强调游客的高度参与，在旅游景区中引入高科技的休闲娱乐项目，它代表未来旅游景区的发展方向。科技参与型的产品彻底突破了时空的限制，为旅游者营造了一个充满戏、意、趣的崭新的文化空间。

2. 旅游景区产品的功能类型

按旅游景区产品的功能不同划分为陈列式、表演式和参与式。陈列式观光游览是以自然资源风景名胜与人文历史遗址为主要内容的，它是最基本的旅游形式。

表演式展示主要满足旅游由"静"到"动"的多样心理需求，以游乐为主要内容。参与式娱乐相关活动以游戏娱乐和亲身体验为主要内容，强调旅游者的自主原则，这种景区产品可以形成对旅游者的持久吸引力。

二、旅游景区产品创新的方法和途径

旅游景区产品和其他旅游产品一样都是具有生命周期的。旅游景区产品从正式投放市场到最终退出市场，一般要经历投入期、成长期、成熟期和衰退期四个阶段。正是由于旅游景区产品具有一定的生命周期，为了延长旅游景区的生命，就必须不断地对景区产品进行创新。

（一）旅游景区产品创新的方法

1. 景区产品的主题创新

无论是人文自然景观还是人造景观以及科技参与的景区，都必须有贯穿该景区产品的主题，主题是景区经营的灵魂。但是，目前有一些景区产品在主题的确定上缺乏特色，主题雷同的情况时有发生，而且不能体现景区深刻的文化内涵。这样不仅造成了旅游资源的浪费，而且会使旅游者对景区形成不良的印象。因此，在主题的确定上，必须突出景区的特色，避免雷同，同时还要充分挖掘景区深层次的文化内涵。

2. 景区产品的功能创新

景区产品按照功能的不同划分为陈列式观光游览、表演式展示和参与式娱乐相关活动。陈列式观光游览主要满足旅游者视觉上的需求；表演式展示是在这个基础上的一个提升，也就是旅游者在观光的基础上可以欣赏到歌舞表演等节目，如旅游者去西安华清池游览时，就可以欣赏到仿唐歌舞表演；参与式娱乐相关活动是对表演展示的发展，它让旅游者参与到旅游活动中去，共同形成热烈欢快的气氛，让旅游者在娱乐中得到放松。

随着社会的发展，大多数旅游者都对参与性比较强的旅游景区感兴趣。但就目前情况而言，我国大多数景区，无论是自然景观还是人文景观都没有对产品进行深层次的开发，向游客提供的产品仅能满足游客单方面的需求。如果这些景区也能开发出一些参与性比较强而且符合景区本身特色的旅游产品，定能增强景区自身的活力。

位于陕西省西安市的古城墙是明太祖朱元璋洪武三年（1370）在隋唐"皇城"遗址上历经8年扩建而成的，原是一座古代军事防御设施。现存的整个城墙建筑高大宏伟、气势恢宏，是古代西安的标志性建筑。目前城墙每年接待游客数百万，但是随着旅游者需求的变化，单纯的"游墙"活动已经不能满足旅游者的需求，旅游者开始对这种单一的景区产品感到乏味。在这种情况下，西安环城建设委员会的工作人员本着保护与开发并重的原则，参照古礼中的迎宾礼和盛唐时期的仪规并融合古代民间礼仪，策划出"仿古迎宾入城式"旅游精品，使旅游者由单纯的"游墙"变为全身心地投入，同时也可以使游览者亲身领略到中华民族的历史文化风采。"仿古迎宾入城式"无论是在节目的编排，还是音乐的设计上，都达到了较高的水平，产品一经推出，就收到了很好的社会效益和经济效益，还被誉为"中华迎宾第一式"，先后接待过多位国家领导人和外国元首，如美国前总统克林顿、泰国王后诗丽吉及新加坡前总理吴作栋等。城墙推出的这种景区产品之所以能够获得成功，最主要的原因是"仿古迎宾入城式"是集观赏性、趣味性、参与性于一身的景区产品，不仅突出了城墙深厚的文化内涵，还满足了旅游者的旅游需求。

"仿古迎宾入城式"的成功，给我国大多数景区产品的开发提供了经验。

在对景区产品进行功能创新时，一方面要立足市场，因为只有满足市场需求的产品才是适销对路的产品；另一方面要注重景区特色和文化内涵的挖掘。

3. 景区产品的结构创新

目前，我国景区产品存在的主要问题是，产品结构单一，难以满足旅游者多方面的需求，不能对旅游者形成足够大的吸引力。景区产品结构创新就是在现有景区产品的基础上开发新的景区产品，以满足旅游者多方面的需求。

我国旅游业在发展的初期，旅游产品大多数是观光型的，随着社会的发展，各种度假型的旅游产品、商务型的旅游产品也开始出现并得到一定程度的发展，但是它们所占的市场份额还很小，有待于进一步完善产品的结构。

位于深圳的世界之窗是许多去深圳的旅游者首选的旅游景点。近年来，景区立足市场，不断引进新项目，完善和丰富景区旅游产品。不仅利用节假日举办各种大型活动，而且还进行了体育和旅游相结合的尝试，如合作举办了全国公路轮滑公开赛、全球散打搏击拳王争霸赛、全国健身小姐大赛等。

景区产品在进行结构创新时，应注重丰富产品的类型，形成景区产品体系，注重塑造景区产品的精品形象。

（二）旅游景区产品开发的途径

旅游景区产品开发有以下几种途径。

1. 开发全新产品

全新的产品是指为了满足旅游者某种新的旅游需求而开发的旅游产品。目前随着人们生活水平的日益提高，旅游者的旅游需求也有了一定程度的改变，以前单纯的观光旅游产品已经不能满足旅游者的需求，因此许多旅游企业的经营者出于自身利益的考虑，开始向市场推出各种各样新的旅游产品，如商务旅游产品、体育旅游产品等。

位于贵州省的茅台酒厂围绕酒文化这个主题，利用茅台酒的品牌效应和独具特色的工业资源，向市场推出了酒文化旅游产品，使工业旅游成了贵州省旅游产品的精品之一，并基本形成了特色文化旅游产业体系。这项旅游产品的推出不仅促进了当地旅游业的发展，而且还带动了区域经济的持续增长。

一般而言，全新旅游产品的开发周期比较长，而且所需的投资和风险都较大。

2. 换代新产品

换代新产品是在对现有的景区产品进行较大的改革后而形成的产品。如原来景区为观光游览产品，现在在此基础上，开发一些参与性强的娱乐产品，使旅游者在看的同时，还能参与其中，享受旅游的乐趣。如西安古城墙推出的"仿古迎宾入城式"就属于换代新产品，它并没有摒弃原来的观光游览，而是将二者很好地融为一体。西安临潼的华清池也是在其产品的基础上，增加了仿唐歌舞表演，使得景区产品的文化内涵更加突出。

3. 改进新产品

改进新产品是指对景区的产品只进行局部形式上的改变，并不进行重大革新。

4. 仿制新产品

仿制新产品是指旅游景区经营者对市场上已经存在的产品进行模仿。在我国经济迅猛发展的今天，我国旅游产业也呈现出蓬勃发展的趋势。作为人们娱乐休闲的主要游玩方式——主题公园，也正日渐成为多数旅游者的出游选择。因此，许多地区开始兴建各种各样的主题公园。

目前，我国各种主题公园类型丰富多样，不仅有许多完全是人为塑造的游乐园，比如深圳华侨城、杭州宋城、锦绣中华民俗文化村、华夏影视城等；也有各种以自然人文资源为基础衍生的各种公园，包括各种动植物园、森林公园、温泉公园、文化公园、地质公园、海洋公园、城市公园和历史文化公园等。

三、旅游景区主题产品的设计与策划

旅游景区主题产品是景区产品的一个重要组成部分，如何对景区的主题产品进行策划是许多旅游景区应该考虑的问题。

（一）旅游景区主题产品策划的原则

1. 突出景区的特色

旅游景区主题产品在进行策划时，必须具有自身的特色，如西安旅游产品在策划时，可以突出其古都的特色，不论是在城市布局上，还是建筑物的形式、颜色和体量上，都应该如此；而深圳在进行产品策划时，则应该突出其现代化的气氛。有这么一句话：看五千年的历史到西安，看两千年的历史到北京，看一百年的历史到上海，看二十年的历史到深圳。不同的城市具有不同的历史和氛围，如上海为现代大都市，桂林为山水城市，苏州为园林城市，等等，因此在产品的开发上，也应该突出其各自的特点。如西安临潼的华清池，20 世纪 80 年代发现了唐玄宗、杨贵妃曾经沐浴过的汤池遗址，随后，工作人员在遗址上修建了唐式建筑物。这样既能使遗址得到保护，又便于游人参观。华清池里的建筑物多是唐式建筑，这样不仅与遗址相协调，又与华清池的其他建筑物相协调。这样的开发方式非常值得许多景区借鉴。因为它既能保持原有旅游资源的特色，又会使原有的特色更加鲜明。

2. 体现景区的文化性

无论是自然旅游资源还是人文旅游资源，都具有一定的文化属性。如自然旅游资源中的泰山，它之所以著名，除了本身所固有的魅力外，许多文化因素也为它增辉不少，帝王将相的封禅、文人墨客的游览都给泰山留下了许多宝贵的历史古迹。而人文旅游资源则更具有深厚的文化内涵，像陕西秦始皇兵马俑、北京的故宫等等。因此，景区在以旅游资源为依托进行产品开发时，一定要体现景区旅游资源深厚的文化内涵。

众所周知，红色旅游产品是一种文化旅游产品，文化性是产品生命力的精髓，只有保持旅游产品的文化好了，才能使旅游产品长盛不衰，但目前许多红色旅游景区对旅游资源的开发主要还是以革命遗址为主，旅游形式以参观游览为主，参与性项目开发较少，旅游开发缺乏深度，革命遗址、旧址、纪念馆大多以展示形式为主，展示内容单调、僵硬，不能发挥红色旅游资源的教育功能，更不能推动旅游经济的发展。因此，深入挖掘红色文化核心价值，凸显红色文化主题已经成为打造红色旅游产品工程的首要问题。要逐步改善和提高革命圣地和纪念展馆的档次，改变简单的图片展示和橱窗式的文物陈列，使表现手段更加科学化、现代化，如可采用声光电结合的半景画、全景画等；要注意历史与现实的结合，除了组织对实物、遗址的参观外，也可以安排定时的有关历史的影视、晚会专场；要考虑适当增加参与性内容，策划当年革命者工作、战斗、生活、劳动的场景，吸引旅游者参与和体验；要提高导游的讲解能力，丰富解说内容，寓教于乐，使旅游者有多方面的收获。

井冈山作为中国革命的摇篮，在这方面探索出较为成功的经验：景区大力挖掘红色文化，对井冈山斗争时期的革命文物在全国范围内进行大规模抢救性收集，市里成立了井冈山精神研究会，出版了《天下第一山》《走向井冈山》等一大批革命书籍；精心编排了红色经典晚会《岁月·井冈山》，定期为游客演出；推出"吃一顿红军饭、唱一首红军歌、走一次红军路、读一本红军书、听一堂传统课、扫一次烈士墓"的"六个一"革命传统教育模式，受到广大游客的欢迎。

3. 满足游客的需求

有需求才会有市场，旅游产品只有满足旅游者的需求，才能在市场上顺利销售出去。旅游景区作为旅游活动的基本要素之一，是旅游业发展的基础。

随着我国旅游业的发展，旅游景区也得到了飞速的发展，景区数量不断增加，旅游市场竞争也日趋激烈。在这种情况下，旅游景区需要不断进行经营和管理创新，根据游客需求的变化，寻求自身与竞争对手的差异，追求民族化、地方化和差异化，满足游客对差异的需求，形成自身的特色，提高景区的竞争力和吸引力。

（二）旅游景区主题产品策划的方法

1. 形象的策划

景区产品的无形性决定了景区的形象是景区产品销售的关键，因为它能提升景区产品的吸引力。景区形象是公众对景区的综合评价，是景区的表现与特征在公众心目中的反映。旅游景区形象作为一种"无形的经营资源"是难以单凭抽象的道理解释清楚的。所谓旅游景区形象就是社会公众包括旅游景区员工对旅游景区整体的评价，它是公众对旅游景区的发展史、创始人、主管人员、员工、团结气氛、行为准则、物质条件、产品、服务等的总体认知，反映了公众对旅游景区的总体了解和情感倾向。这种印象不仅来自有形的、看得见摸得着的外显事物，同时也来自长期未被公众所感知和熟悉的旅游景区的文化和内在精神。

在旅游产品的经营过程中，旅游景区的企业形象是与外界传递、沟通、联络的工具。同制造业生产的有形商品相比，服务明显地具有难以定义和难以进行试验的特性。建立旅游产品品牌应从旅游景区的角度出发，不断加强与游客的联络，树立良好的企业形象。

2. 景区产品文化性的策划

文化是旅游的灵魂，丰富的文化内涵可以构成强大的旅游吸引力。在策划旅游景区产品时，一定要深入挖掘其中的文化内涵。

3. 标识口号的策划

旅游景区产品标识口号不仅要对产品特色进行归纳和总结，而且还应该赋予它一定的感情色彩。在现代社会，没有专业的品牌规划，没有准确的品牌定位，没有鲜明的品牌形象，没有震撼的品牌口号，是很难在市场上立足的。但从目前情况来看，许多企业缺乏对产品标识口号的策划，企业大多混用"马踏飞燕""地球"等标志，标识口号没有形成自己的地方特色。产品宣传资料也是大同小异，往往草草几页纸，图文编排呆板，让人看完整个资料，也很难留下深刻印象，很难达到较好的宣传效果。在当今世界，一个专业化的品牌带来的是一种信任，而一个优秀的标识给旅游者的是一种向往，一种怀念，这些特有的感触迟早会引发旅游者的旅游动机。

4. 景区产品卖点的策划

卖点在策划时应该从旅游者的需求考虑。景区如果不能很好地研究市场需求的话，就会使产品缺少吸引力，造成产品参与性差，最终影响产品的市场销售。因此，景区在进行产品策划时，应该以旅游资源为基础，针对市场需求打造旅游产品的独特吸引力。旅游产品的独特卖点是旅游营销推广的基础。

5. 节庆活动的策划

旅游景区的节庆产品是一项影响面大、经济效益明显、参与人数众多的旅游产品，同时它还是塑造旅游景区形象的有效手段，因而受到越来越多景区的重视。如武汉东湖风景区楚城的编钟演奏、河南嵩山少林寺的武术表演都是比较成功的例子。另外有许多景区已经形成自己的品牌节庆活动和表演项目。如山东曲阜三孔景区的孔子文化节和大型广场乐舞《杏坛圣梦》，深圳世界之窗的啤酒节、狂欢节与大型音乐舞蹈史诗《创世纪》和《跨世纪》等。随着节庆表演在景区中的作用日渐明显，许多景区都掀起了一股开发节庆表演的浪潮，其中难免存在一些问题。因此，在进行节庆活动策划时，应该注意以下几个方面：

（1）主题要突出

旅游景区节庆活动在策划时要有明确的主题，而且主题还要有深刻的文化内涵，这样有利于推广景区主题旅游形象。如陕西可以举办一些以历史人物为题材的旅游节庆活动。在活动中，可通过一系列的庆典及可参与的旅游活动来表现主题，如以秦始皇为旅游节庆活动的题材，就可以举办"秦俑电影周"，播放以秦俑为题材的影片；举办秦陵军阵表演；举办秦俑及秦陵文物考古研讨会、文物旅游发展研讨会等。另外，节庆主题的选择还应该与国家旅游局（文化和旅游部）每年推出的旅游主题相联系。

（2）应该根植于地方文化

旅游节庆活动只有根植于地方义化才能使主题旅游活动富有生命力。同时，节庆活动可以结合我国传统的节日以及有关国际节日，如我国的春节、中秋节等民族节日。许多景区的节庆表演之所以成功，都是因为根植于地方文化，如无锡主题公园成功的重要原因之一就是根植于吴文化，其艺术表演深深扎根于江南的舟桥文化、鱼文化、居室文化、酒文化、纺织文化及金融文化之中。北京世界公园的艺术表演则移植了世界各地的民族舞蹈，在对这些民族舞蹈精心选择的基础之上，组合成一系列优秀的观赏性舞蹈表演，这对游客产生了非常大的吸引力。深圳世界之窗在创作表演活动时，始终立足于民族文化，并面向世界，这在《创世纪》和《跨世纪》两台节目中都得到了很好的表现。为打造这两台精品节目，景区人员多次到美国拉斯维加斯参观学习。所以两台节目对美国的借鉴是不言而喻的，但是两台节目的艺术追求远远高于非主题、纯娱乐的感官享受，更具有中国特色，非常适合中国的国情，同时也给西方人带来一种新意。

（3）要注重规模化

节庆活动只有具备一定的规模，才能产生较大的影响，收到良好的经济效益。旅游景区如能主办或承办一些全国性和地方性的节庆活动，则会更具有市场影响力。

第二节 旅游景区品牌塑造

一、旅游景区品牌经营的意义和作用

所谓品牌，简单来讲就是商品的牌子，具体表现为通常所见的商标。景区创建品牌是景区进入市场的必然选择。而且景区品牌所带来的地方品牌效应对当地政治、经济、文化的带动作用日益彰显。与此同时，景区品牌的内在含义也在不断丰富，成为企业形象高度浓缩之后加以精心设计，再尽情发挥市场功能的"标志物"。

（一）旅游景区品牌的含义

景区品牌是指景区经营者为区别于其他竞争者而赋予自身产品或服务的名称、说明、标志、符号、形象设计以及它们的组合。品牌作为旅游景区的"视觉识别"，是景区形象最有效的传播媒介，它将景区组织的理念、精神、思想、方针等主体性内容加以浓缩和充分外化，引起公众的注意，从而给公众留下全面、准确、明了、统一的深刻印象，使之产生认同感。

通常，景区品牌拥有以下共性的特征：

1. 景区品牌

景区品牌必须同所在地的环境(包括政治环境、经济环境、文化背景)相适应，必须同景区自身紧密结合。

2. 品牌商标化

不论是景区的文化品牌还是实物品牌，或者服务特色和创意活动，都必须通过市场的运作，实现商标化。景区企业应该尽可能地将品牌在有关部门注册，这是加强品牌保护、维护景区品牌形象的重要措施。在市场经济时代，遵循经济运作方式是必要的，给品牌注册是品牌存在的前提和基础。

3. 景区品牌与景区企业应该是一个整体

没有完善的经营体制和管理组织，没有企业价值和资源内涵的支撑，没有景区的不断发展、创新，品牌只能是一个空架子，或者停滞不前，或者很快就被消费者遗忘，被市场所淘汰。

4. 景区品牌生命力

景区品牌生命力的最终原动力依靠的是景区组织先进的经营理念，优质的产品与服务，知识与人才的聚集程度以及景区的创新能力。景区品牌的存亡则来自旅游者的满意度和口碑。

（二）旅游景区品牌经营的意义

旅游景区品牌经营具有以下意义：

1. 使景区形象稳固化，并深入人心

旅游品牌是旅游企业向旅游者长期提供的一组具有特色的特点服务标志。

良好的景区品牌通常代表了景区产品的特色和景区本身的企业形象，帮助景区把自己的产品和竞争者的产品区别开来，通过强势的企业形象，锁定目标市场。

2. 使景区的经营管理系统化、统一化

品牌经营在体现企业综合实力、增强大众信任度的同时，对景区企业本身的监督、保护作用也应运而生。

3. 使景区营销战略化、市场化

实施品牌经营不仅是为景区设计一组成功的符号，还需要一些子系统、科学的经营和运作，通过景区经营的战略决策，全方位、分层次地实现经营目标，结合实际的市场竞争，把展现企业经营特色和实力的品牌成功地推向市场，有效地推动景区的营销方针的实施和促销活动的顺利开展。

4. 增强景区的竞争力和生命力

面对层出不穷的旅游景区，游客往往倾向于选择知名度、美誉度高的景区出游。而我们实施景区品牌战略目的就是要通过采取多种切实有效的措施，不断提高景区的知名度和美誉度，以此来带动游客的忠诚度，进而保持景区旺盛的生命力。

5. 带动周边环境的发展与改善

一个知名的景区往往能带动周边环境的良性发展,如增加当地的旅游收入、提高当地居民的就业率、促进当地环境设施的改善等。通过旅游者的流动,形成文化的交流,丰富当地文化生活,以及由此带来延伸效应等。

(三)旅游景区品牌经营的作用

旅游景区品牌经营具有如下作用:

1. 区分识别作用

品牌对景区经营的最直观的作用就是利用鲜明的形象标识同众多的竞争对手区分开来,这源于品牌形式的独特性。

2. 产品实物化作用

旅游产品拥有和一般实物产品不同的特殊性,包括无形产品或者难以量化的实物产品。因此,景区一旦建立了品牌并实现品牌的专利化,其产品便被有形化了,便能得到很好的保护。这与世界遗产中的文化遗产部分有异曲同工之妙。

3. 信息传递作用

旅游景区品牌是景区整体形象的浓缩,可以传达景区的特色、文化、个性,而且简单概括,容易被大众接受。在竞争异常激烈的旅游市场,景区品牌无疑成为旅游者的"速记工具"。

4. 承诺作用

一个成熟的景区品牌就如同景区经营者交给游客的一份承诺书,是对景区服务质量的一种保证,从而减少了消费者的购买风险。但是目前国内的景区还很少有自己唯一的品牌承诺,以达到像4A级景区的认知效果。

5. 情感功能

一个成功的个性化的景区品牌应该具有情感功能。例如,人们一提到迪士尼就会感受到快乐、愉悦、童趣与幻想,脑海中浮现出可爱的米老鼠形象,这就是品牌的情感功能。

二、旅游景区品牌的定位和推广

旅游景区品牌的准确定位和推广得力是景区实现经济效益的保证，对景区的生存和发展意义重大。

（一）旅游景区品牌的定位

要对旅游景区进行科学的品牌定位，首先要弄清其含义及前提。

1. 旅游景区品牌定位的含义

景区品牌定位是指景区所设想的品牌在目标消费者心目中独特的位置。其目的就是争取达到景区所设想的品牌形象与消费者心目中的实际形象相吻合，使消费者产生共鸣。

2. 旅游景区品牌定位的前提

（1）确定目标市场

确定景区的目标市场就是确定目标消费者。景区经营者要搞清品牌定位与确定目标市场的关系，因为两者在操作上记忆混同。一个景区的品牌不只是针对一个目标市场，换句话说，同一目标市场的品牌不止一个。旅游景区通常需要根据不同的游客消费群体确定不同层面的品牌。

（2）分析消费者心理

游客心理的需求和变化是景区定位的一个重要因素。游客出于什么样的动机、持有什么样的态度、受到何种环境因素的影响，都直接影响到景区品牌在游客心目中的印象，以及在大众中的口碑。

（3）分析竞争环境

了解景区所面对的经营对象，还要清楚周围的竞争对手。选择同类型景区，分析其资源、服务、促销手段、营销策略。选择异类型的景区，分析其竞争优势和劣势，寻找未占领的市场缝隙，或避免已经失散的品牌定位，都可以达到事半功倍的效果。

3. 旅游景区品牌定位的内容

（1）品牌文化

品牌文化指品牌背景中的精神层面。景区的品牌文化应该是建立在深度挖掘景观和地区文化积淀的基础上，通过不同载体体现景区所在地的人文价值。品牌文化要以品牌营销为出发点，旨在为旅游者带来丰富的文化体验，增强景区的文化辐射功能，打造品牌的竞争优势和市场地位。

（2）品牌产品

产品是景区品牌的核心内容。产品质量的优劣、产品卖点的定位等都直接决定着品牌的塑造。找准卖点就是要在深入了解景区资源优势的基础上，推出最能代表景区特色、体现竞争优势的产品。

此外，产品的定位一定要有的放矢，给予现实及潜在旅游者独特和完善的利益承诺。同时，还要意识到建立与维系品牌的关键是良好、稳定的服务，不围绕服务做文章就创造不出优质的景区产品，也就难以打造品牌，可以说优质的服务产品是打造景区品牌的基础。

（3）品牌价值

消费者购买景区产品是为了获得享受和体验，感受景区所提供的服务，因此确定促使旅游者做出购买决策的利益价值，也是产品定位中要考虑的重要因素。景区欲打造的产品能够满足旅游者期望得到的那些功能性利益和情感性利益，确定着景区品牌的深层次卖点，是景区明确品牌定位、强化品牌识别和竞争优势的决定因素。

（4）品牌管理

建立品牌管理制度，建立品牌经营系统的组织结构，对管理的每个环节制定标准化管理制度，实施控制细则，是品牌管理的基础。现代景区经营管理中还应做好对品牌的保护以及中长期规划，使这个无形资产得到有效的利用。良好的景区品牌需要来自管理内部的多方面综合支持，以达到不断积累景区品牌资源和强化景区持续竞争优势的目的。

4　旅游景区品牌定位的误区

目前，国内景区品牌定位中容易出现以下几种失误。

（1）定位过高

中国人传统观念中喜欢求大求全，在国内很多地方景区中也存在这样的问题，只求"第一""最大""最古"，完全不顾自身实力，以致过分夸大，让游客产生名不副实的失落感，市场声誉一落千丈。因此，结合自身特点，寻找消费群体进行恰当定位，是品牌经营的基础。

（2）定位混乱

品牌定位需要针对一定的目标群体，才能有的放矢。以主题公园为例，深圳锦绣中华采用微缩景观，浓缩世界建筑净精华，其目标市场可以定位在相对较广的范围；而深圳欢乐谷则是以自己的个性为游客提供新、奇、特欢乐体验的乐园，并通过多种方式不断满足消费者参与、体验新型娱乐的需求，它的品牌受众就应该定位在喜欢冒险刺激的青少年群体。还有一种情况，就是景区在调整品牌定位的过程中，切忌变来变去，干扰大众的印象记忆，这样不但没有达到创新的效果，反而使景区品牌失去了原有的价值。

（3）定位缺乏吸引力

我国地大物博，资源类似的景区不在少数，比如自然景区，大家如果一窝蜂地叫作"北方小江南""绿色氧吧""原始森林博物馆"等相似的品牌宣传语，难免会造成旅游者的"品牌"疲劳，使人无法把不同景区的品牌区别开来，这样的品牌定位无疑缺乏吸引力。

（4）定位过于表面

景区往往涉及丰富的历史文化遗存或文化精神内涵，在品牌定位时需要以此为形象的根本和基础，不能仅仅停留于表面。

品牌定位作为品牌塑造过程中的首要环节，主要解决了景区品牌的发展方向问题。景区在确定自己的品牌形象时，必须充分分析自身特点，了解竞争对手，既要熟知产品的特点和它所适合的消费群体，以及产品给旅游者带来的独特感知和新鲜体验；又要调查目标市场中已经拥有一定影响力的品牌的定位和特点，从而进一步细分市场，决定是开辟新的目标市场还是寻找已有市场的空白和缝隙。符合产品特色、适应市场需求的品牌形象，才能最终赢得客源。

（二）旅游景区品牌的推广

旅游景区品牌的推广可采用广告与公共关系，或其他的方式。

1. 广告

广告是景区品牌推广的一般方式，它通过各种媒介使景区品牌形象的受众范围不断扩大，达到推广传播的目的。广告推广具有公开性、覆盖性、复制性等特点，是最为普通的推广方式。

广告宣传包括以下方式：

①广告媒体，如报纸、杂志、广播、电视、电影、网络等；

②印刷品广告，如招贴画、宣传册、旅游手册、地图、路线图等；

③电子宣传品，如 VCD 风光片、电子触摸屏、网络动画等；

④室外广告，如广告牌、交通工具广告等；

⑤其他形式，如旅游形象大使、节庆活动、营业推广、策划主题活动等。

2. 公共关系

公共关系是指通过新闻报道和对社会公众活动的参与而进行的品牌传播，并由此建立品牌与公众之间的沟通和互动关系。以公众为对象，以沟通为手段，以互惠为原则，以促进与不同公众的良好关系、树立景区的良好形象为目标，是景区公关宣传的内在含义。

景区公关推广可以采用以下不同形式：

（1）宣传公关

利用传播媒体和手段，向社会公众宣传展示自己的发展成就和公益形象，在公众心目中建立良好的社会印象和舆论导向。

（2）交际公关

景区通过与公众联络感情、协调关系、化解矛盾等直接接触、建立良好的人际关系。比如现场咨询、建立意见反馈渠道等，这种方式对于增强游客对景区的忠诚度，扩大景区声誉有显著作用。

（3）社会公关

景区通过举办各种具有社会学、文化性、公益性或者体育参与性的活动，提升景区的社会知名度和品牌价值，塑造景区良好的文化形象。

（4）征询型公关

通过采集信息、舆论调查、民意测验等方式，为景区的经营管理决策提供可参考的客观依据，了解影响游客选择购买的潜在因素，以不断完善景区的形象。这是景区营销的间接性手段。

（5）服务型公关

景区为公众提供的热情、周到和方便的服务本身就是良好的公关模式，既在感受不着商业痕迹的直接服务中起到了即时刺激消费的作用，又能在旅游消费者的口碑效应中达到扩大销售的目的。

3.其他方式

利用各种旅游交易会、展览会、展销会、推介会、专业论坛会等形式，与游客、社会公众沟通交流，以增进公众对景区的认同和了解，建立稳定的客户关系和良好的服务营销体系。

公共关系活动的模式可以是多样性的。在景区经营运作中，应时刻关注市场的巨人潜力和变化，适时调整公关策略和方法，抓住进攻市场的时机，增强抵御风险和突发事件的能力。

三、旅游景区品牌经营的策略与创新

（一）旅游景区品牌经营的策略

旅游景区品牌经营的策略包括多品牌策略、品牌系列化策略和品牌授权。

1.多品牌策略

多品牌策略就是景区结合自身资源的不同特征，针对不同的消费层次提供不同的适合消费者需求和心理特点的品牌系列，以便通过差异化品牌之间的互补效应实现企业品牌资产的最大化。景区多品牌经营策略要遵循以下两点：

第一，以目标市场的多样化为导向，在实现差异化品牌营销的同时，注意维护产品和企业的整体想象，切不可削弱主体的有生力量。

第二，针对不同目标群体实施灵活的景区产品组合，充分发挥景区资源的潜在优势，注意扬长避短、互相补充。

2.品牌系列化策略

景区品牌系列化是在建立了一定品牌实力的基础上，利用品牌的知名度和号召力扩大品牌的经营范围和内容。在发展品牌的同时，扩大产业规模，取得综合经济效益。在市场经济环境下，系列化经营无疑可以增强景区自身实力，提供可持续发展的保证。

系列化战略还可以利用现有品牌的知名度把品牌名称运用到新类别的产品上，这种品牌延伸的策略，可以缩短旅游消费者接受新产品的过程，节约宣传成本。

3. 品牌授权

品牌授权是授权自己所拥有或代理的商标或品牌等，以合同的形式授予被授权者使用，被授权者按合同规定从事经营活动，并向授权者支付费用。景区品牌授权可以通过景区企业主动地、有计划地输出品牌、输出管理，达到与被授权方之间的优势互补。

（二）旅游景区品牌的创新

创新是景区发展的不竭动力。景区在经营、推广品牌，不断丰富品牌内涵的同时，也要根据经营环境的变化和旅游者需求的变化，深层次地挖掘景区产品的内涵，不断进行品牌创新。我国的旅游景区虽然还不成熟，但却拥有比以往更加广阔的发展空间和更加成熟的旅游消费者，创新发展毋庸置疑。

1. 品牌战略创新

战略创新是现代主题乐园实施战略管理的根本。欢乐谷的综合战略决策经验是，首先从企业发展的战略高度出发，把对外的宣传提升到为企业品牌服务的高度，对企业品牌进行维护及管理；其次，每年投入约 5 000 万元资金用于改造和新建项目，提高景区产品、环境品质，不断为游客提供新、奇、特的游乐体验和安全优质的游乐服务；最后，努力开发新业务，在核心游乐产品方面，融合多种娱乐元素，开发健康、阳光的都市娱乐生活方式，在附加产品方面，充分利用欢乐谷网站资源，开发与乐园产品相配套的网络游戏。

2. 品牌策划创新

策划创新是主题乐园立足市场的一个重要因素，系列化的大型体验性活动的开展，是其市场制胜的法宝，目的在于培育市场卖点、消费热点和利润增长点。欢乐谷的策划创新，体现在三个方面：

（1）主题节庆活动

多年来，欢乐谷坚持将五大节庆活动作为大品牌下的子品牌来经营，注重把握国际娱乐的潮流和脉搏，将"时尚文化"与"本土文化"有机结合；每一个主题活动都结合欢乐谷品牌内涵的某一个元素来展开。比如：新春国际滑稽节体现欢乐吉祥，暑期玛雅狂欢节体现激情狂欢，国际魔术节体现神秘与梦幻，等等。按照"一项活动、一个品牌、一家媒体"的办节思路，将主题活动做出声势和特点，进一步丰富、强化和再现主题，达到"大节造影响、小节做市场"的拉动效果，从而做大做强欢乐谷品牌。

（2）与媒体的合作

欢乐谷通过制造有"热点新闻"效应的事件，有计划地策划、组织、举办活动，或寻找与企业自身相关的结合点，推出欢乐谷的旅游产品或个性化服务，吸引媒体和社会公众的注意与兴趣。

（3）倡导"零距离"互动表演的概念

从影视表演到魔幻剧场，处处分布着专业的表演台，天天上演街舞表演、乐队演出、哑剧表演、极限运动表演、魔术与杂技表演及夜光大巡游等特色的演出；还有活泼可爱的欢乐谷卡通人游走在园区各处与游客嬉戏，装扮夸张的小丑做着滑稽的动作与游客逗趣。这些无不表现出欣赏者与表演者之间的"零距离"，体现了欢乐谷艺术表演的创新精神。

3. 品牌管理创新

管理是基础，执行是关键。深圳欢乐谷通过规范管理制度，统一经营理念，强化过程监督，有效提升企业执行力。围绕管理创新和企业发展两大主题，先后实施"三个导入、三个体系"，构筑了一个有利于持续改进的管理平台，以提高景区管理水平和核心竞争力。

（1）导入ISO9001质量管理标准，构建公司管理体系

公司从2001年9月开始导入ISO9001质量管理体系，运用ISO的思想，全面梳理各项管理制度，不断补充、修订、完善工作程序和岗位操作流程，使之成为一套统领公司运行的管理标准体系，从安全、成本、服务三个方面指导管理工作，指导公司整体的运营管理。

（2）导入国际先进的顾客服务圈理念，建立服务标准体系

关注游客需求，追求游客满意，树立"游客满意"为最高价值导向的服务理念，一方面优化内部服务流程，另一个方面倡导二线服务一线，一线服务游客，

管理服务现场。

（3）导入"领班行动"战略，搭建人才培养体系

为全面提升企业管理品质，坚持以管理创新的思维培养干部，通过"圆桌会议"、管理干部轮换、国外考察等方式，培训企业核心竞争力，将管理人员的培训对象扩展到基层领班，以"以一带十、全面提升"为指导思想开展"领班行动"。由此突破了主题乐园人力资源管理的瓶颈，延伸了管理链条，形成了高层、中层和基层三个层面的管理模式，初步搭建起欢乐谷人才梯队培养体系。作为旅游企业，欢乐谷始终把安全置于首位，并贯穿于全过程。坚持"安全第一，预防为主"的方针，紧紧抓住大安全的概念。一是牢固树立安全防范意识，学习掌握安全知识和消防技能；二是进行安全知识的培训与考核。

目前，欢乐谷资产管理工作也逐渐步入规范化的管理轨道，针对公司各类重点资产，出台专项的管理规定和工作流程，引用安装资产管理软件系统，形成一套完整的资产管理制度。

同时，公司还建立健全与企业发展相适应的科学的绩效考核管理机制，为人力资源管理提供实践的操作平台；促进人才的合理流动、优胜劣汰，吸引、激励人才，并将各部门相关的安全管理、资产管理、预算管理等各项工作的考核纳入各级绩效考核中。

4. 品牌产品创新

在产品创新的同时，公司通过投入资金，完善硬件设施，增加新项目，丰富旅游产品，维护园区面貌，对老项目进行改造等一系列措施，提高了游客的满意度和重游率，保持了企业的市场竞争力。

5. 品牌服务创新

严格的经营管理、优质的服务与先进的硬件设施相配套，是欢乐谷追求的目标和发展的保证；让游客安全、愉快、满意，是景区每一位服务人员的自我要求。通过对与主题乐园相关的细节进行仔细研究，欢乐谷形成了一套综合管理与运作的支持服务体系。

首先在实施旅游行业服务质量等级标准的大前提下，做到共性服务、个性化服务和差异化服务相结合，充分发挥各岗位员工的主观能动性，做到"个性

服务主动化、服务规范标准化、工作流程程序化"。通过"先注视、先微笑、先问候"三先服务、主动服务、特殊服务，解决服务工作各环节中的"关键时刻"，最终提高游客满意率，发展忠诚的游客。

安全是企业的生命线，安全被欢乐谷作为服务质量的第一标准。在设备安全方面，从项目排队区开始，即有明显的游客告示和排队时间表，提醒游客排队的时间和游玩的注意事项，在每一个貌似恐怖的大型游乐项目运行中，都有解说员不停地介绍周围的环境、即将要出现的目标和新的感受，使得游客有足够的心理准备顺利游玩。

欢乐谷本身是创新的产物。没有创新，就没有今天的欢乐谷。无论是主题乐园还是其他类型的景区企业，创新都将成为其发展的动力之源，唯有坚持不懈地进行更新改造，与时代同步，以创新求发展，以规模创效益，追求规模经济，才能保持旺盛的生命力。

第五章 旅游景区管理

第一节　旅游景区服务管理

一、旅游景区服务

（一）旅游景区服务的含义

景区服务由核心服务与辅助服务构成。旅游景区服务的内涵丰富，具有综合性的特点，可以将其分为两大类：第一类为核心服务，主要包括票务服务、讲解服务、餐饮服务、交通服务、商品服务、安全服务、娱乐设施服务等；第二类为辅助服务——景区游览服务，也包括在标准化服务的基础上，提供个性化的服务或延伸服务。

旅游景区服务质量的高低取决于景区员工的旅游修养和服务技能。根据英文单词"service"，可从景区对员工服务的要求来理解景区服务的含义。旅游景区服务是指发生在旅游景区服务者和旅游者之间的一种综合性服务，从旅游者角度看，是指旅游者在旅游准备阶段、旅游过程中和旅游结束后与旅游景区所发生的互动关系；从旅游景区角度看，是指旅游景区向旅游者提供的具有一定品质的有形和无形产品，需要一定的配套设施。

（二）旅游景区服务的特点

1. 旅游景区服务的综合性

旅游景区的服务行为依赖于多方面地介入，从而完成一整套的服务，包括食、厕、住、行、游、购、娱7要素，多方面地介入以及各方面之间的完美配合体现了旅游景区服务的综合性。它既包括游客在未进入景区之前的咨询、购票、虚拟游览等服务，也包括进入景区的接待服务、对客服务、投诉服务等，又包括在景区内的餐饮、住宿、交通、娱乐等服务，还包括游客离开景区之后的意见反馈服务。

景区服务的主要对象是游客，游客既是景区服务的消费者又是服务质量的评价者，游客的个性化使得景区对客服务异常复杂化。

2. 旅游景区服务过程的关联性

景区服务不是彼此独立的，而是相互关联的、相互影响的、能引起连锁反应的过程。只有在服务时序和内容上很好地连贯起来，才能提供给游客完整的服务。在服务的接触过程中，任何一个服务接触点都可能会发生失误，而无论哪一个环节出问题，都会影响游客对整个景区服务的印象和满意度。旅游者在发生服务失误后，便会发生抱怨行为，可能终止服务或向亲朋好友进行负面宣传，这对旅游景区的形象有着十分不利的影响。

3. 旅游景区服务的不可储存性——加深供需矛盾

实体产品有形故可以储存，景区服务的无形性以及生产和消费的同时性决定了服务不被消费则无法被储存，服务会随时间消逝，使景区服务具有不可储存的特性。景区服务的不可储存性意味着景区提供给游客的各项服务是无法被储藏起来以备将来使用的，是一个实时产生的过程，在对客服务的时间里必须最大化产品的使用价值，这对景区工作人员的能力有很高的要求。

旅游景区服务的不可储存性加深了旅游供需的矛盾。旅游旺季国内不少旅游景区在旅游高峰期间游客过多、分流不力，加重自然生态环境的负担，也超过了景区的服务接待能力，服务员工、服务设施超负荷运转，旅游旺季服务需求量过大、供给不足。相反，旅游淡季时对需求市场研究不够，景区开发过度，造成服务供给能力大大超过服务需求，以致员工、设施等资源严重闲置浪费。

旅游服务供给与服务需求的矛盾突出表现为数量矛盾、质量矛盾以及结构矛盾。数量矛盾是顾客数量超过景区最大承载容量而导致的矛盾。质量矛盾是知名热点景区顾客成规模地聚集于此，而其他景区顾客数量相对不足，质量矛盾可看成是数量矛盾的特殊状况。结构矛盾是指景区旅游服务层次、品质等不能满足顾客日益增长的需求与期望。

（三）旅游景区对客服务

游客是旅游活动的主题，是旅游景区的"主角"。旅游景区大部分工作都是围绕游客进行的，景区对客服务质量的高低关系到游客的满意度。因此，做好游客的管理和服务是旅游景区的核心工作之一。

1. 票务服务

（1）门票

景区门票的设计要具备特征要素、功能要素和理念要素。门票一般类型如下：

①按照制作材料，分为纸质门票和电子门票。

②按照消费对象的特征，分为全票、优惠票。

③按照门票的适用期限，分为当日门票和年卡门票。

④按照旅游淡、旺季，分为淡季票和旺季票。

（2）票券票价

门票价格应根据不同景点的类型和级别制订，明码标价，保持票价相对稳定。票种齐全，如设通票、半通票等。

票券设计应美观大方，背面应有游览简图，使其有纪念意义和保存价值。甲种票应为中英文对照。

（3）票务服务

售票位置的选取。售票处应设在入口处显著位置，周围环境良好、开阔，设置遮阴避雨设施。售票窗口数量应与游客流量相适应，并有足够数量和宽度的出、入口。出、入口分开设置，设有残疾人通道。景区（点）内分单项购票游览的项目。应设置专门的售票处，以方便游客购票。

售票人员。售票人员需业务熟练，掌握各类票的价格和使用情况。认真准确回答游人咨询。态度热情，语气和蔼，音量适中。唱收唱付，绝无抛钱物现象。售票人员坐姿端正，佩戴工作牌号牌。

增设智能售票机。支持多种取、售票方式，实现一分钟售票、一秒钟取票，节约旅游高峰时期入园难的问题。满足线上购票服务需求。游客在网站上或者使用手机移动端预订并完成支付后，系统会自动发送一串辅助码或者是二维码图形给游客，游客在景区终端设备上通过输入辅助码号码或者直接在机器上扫描二维码的方式，自助打印景区入园小票，凭票游玩。

2.入门接待服务

（1）验票服务

设标志明显、有足够数量和宽度的出、入口。出、入口分开设置。检票人员站立服务，站姿端正、面带微笑，适时使用礼貌语言。配备检票装置，保证票面撕开处整齐。主动疏导游人，出、入口无拥挤现象。出口设人值守，适时征询游人对游览参观的意见和建议。设置无障碍通道。处理好排队问题。

（2）咨询服务

接受游客咨询时，应面带微笑，且双目平视对方，全神贯注、集中精力，以示尊重与诚意，专心倾听、不可三心二意。咨询服务人员应有较全面的旅游综合知识，对游客关于本地及周边区域景区情况的询问，要提供耐心、详细的答复和游览指导。答复游客的问询时，应做到有问必答、用词得当、简洁明了。接待游客时应谈吐得体，不得敷衍了事，言谈不可偏激，避免有夸张论调。接听电话应首先报上姓名或景区名称，回答电话咨询时要热情、亲切、耐心、礼貌，要使用敬语。如有暂时无法解答的问题，应向游客说明并表示歉意，不能简单地说"我不知道"之类的用语。通话完毕，互道"再见"并确认对方先收线后再挂断电话。

3.排队服务

（1）合理队列结构要满足的条件

使人感到等待时间长度短于实际时间长度。

队列秩序有条不紊，不给"加塞儿"者更多机会。

队列结构要能灵活调整。

（2）景区排队的几种形式

①单列单人队列：一名服务员，成本低，游客等候时间难以确定。应设置座位或护栏。

②单列多人队列：多个服务员，接待速度快。增加人工成本。

③多列多人队列：多名服务人员共同操作。增加成本，各队列前行速度不一，不设栏杆。

④多列单人队列：一名服务员，栏杆多，成本高。

⑤主题队列：迂回曲折，需要两名或两名以上的服务人员。

（3）景区排队解决方案

①智能公布景区承载力。旅游景区会有大量排队现象的主要原因就是旅游景区有大量游客进入，而旅游景区其实并不能容纳这么多的游客。但是，旅游景区的管理者为了获得更多的门票收入而选择性地忽视这一问题，只要买票，均可以进入旅游景区，从而造成了旅游景区内部大量排队。因此，必须将景区的最大游客容纳量作为一个最重要的指标（因为它直接关系到景区的收入），在节假日之前提前在网络上公布景区最大承载力，达到最大值时，应停止继续售票。

②价格调节与限流。为让游客能够获得更好的体验，也出于消除旅游景区安全隐患的考虑，通过价格调节与限制入园的方式，来控制景区内的游客数量，使景区内的游客数量保持在最大容纳量之下。采用分时段计价的方式来制订门票售价，如根据旅游旺季和大小长假实行区别定价。即可以将门票的价格定得比平时高，具体的价格可以参照以往的游客数量。通过提高价格，减少部分对价格敏感的旅游者，而对价格不敏感、对时间敏感的游客却并不会减少。因此，虽然减少了游客数量，但由于价格的提升也不会让景区损失过多的收益。

旅游景区可以在旅游淡季推出低价票，以此来冲淡旺季所推出的高价票的影响，以补偿那部分旺季对价格敏感的顾客，同时可以吸引大量对价格敏感、对时间不敏感的游客，如学生、退休的老年人等。对此，也要发布广告，在网站、现场发布通告解释景区采用此种做法的原因，主要是让游客获得更好的体验，同时排除景区的安全隐患，避免踩踏等安全事故的发生。通过上述方式来缓解旅游者对这种管理办法的抵触情绪。

③区分首游览景点的门票入园制。为了让游客顺利地服从安排、分成几个小团体，前往不同的景点开始对景区的旅游，可将门票设计为具有首游览景点的门票。旅游者买的门票上会注明最先游览景点，因此在进入景区时就要按照规定搭乘前往该旅游景点的景区内部车辆，否则将不被允许进入景区。这种新型游览方式除了在门票上规定首游览景点外，还应注明接下来游客的旅游线路和游览顺序。当然，这种线路必须含有所有的著名景点，同时其设计也应是游

客在景区的最佳游览路线。这条路线必须使游客能在各个旅游景点都能满意地旅游，还能游览完所有的著名景点。

④排队安排技巧。旅游景点的排队队伍不断迂回，这样就能使排队队伍的行进速度看起来更快些，通过这种方式可以有效提高游客的耐心。

分段排队。首先游客在旅游景点外进行排队，等候进入；当游客进入景点后，在景点内又再接着排队。这样看起来游客就已经结束了一次排队而进行了第二次排队，同时也进入了景区，使游客的心理体验将排队时间变"短"了。

在游客排队的时候，在设置的隔离物上展示该景点的文字或图案，也可以是注意事项、笑话等。当然，有大屏幕的视频播放器更好，这样在游客在排队的时候，能够有效地转移其注意力。在旅游旺季，在排队堵塞严重的地方提供娱乐表演，以吸引游客注意，使游客在排队中也能得到娱乐体验。

4. 投诉服务

（1）游客投诉与抱怨的原因

游客投诉与抱怨的原因主要来自对景区人员服务的不满、对景区产品的不满、对景区硬件及环境的不满、对线上购买旅游产品与线下不符的不满等。

（2）游客投诉服务

景区应设专门机构或专人负责受理游客投诉，并在显著位置设立意见箱、意见簿，公布投诉电话，方便游客投诉。

严格按投诉处理程序处理投诉。投诉受理人员应耐心倾听并作好记录，按有关规定妥善处理，重大投诉要及时报告主管领导。

每天工作结束前整理好投诉内容，上报主管领导。档案记录应保存完整。

（3）投诉受理服务管理

景区工作人员应把游客的投诉视为建立诚信的契机，受理人员要着装整洁、举止文明，热情、耐心地接待投诉游客。

受理投诉事件，能够现场解决的，应及时给予解决；若受理者不能解决的，应及时上报景区负责人并及时将处理结果通知投诉者。注意收集反馈意见，科学分析，以便及时改进，提高服务质量。

要以"换位思考"的方式去理解投诉游客的心情和处境，满怀诚意地帮助客人解决问题，严禁拒绝受理或与游客发生争吵。

接待投诉者时，要注意礼仪礼貌，本着"实事求是"的原则，不能与客人争强好胜、与客人争辩，既要尊重游客的意见，又要维护景区的利益。

景区应设立专用投诉电话，并在景区明显位置（售票处、游客中心、门票等）标明投诉电话号码，且有专人值守。

二、智能解说服务

由于旅游活动的异地性和暂时性，旅游者要想在较短的时间内，在一个陌生的旅游环境中获得较好的旅游体验，必然要求景区提供全面的引导游览服务。尤其是当旅游者面对的是除了"看头"，还更有"说头"的文化景观的时候，专业的解说服务显得尤为重要，能起到锦上添花的效果。

（一）解说的内涵

解说是一种解释说明事物、事理的表述法。它往往用言简意明的文字，把事物的形状、性质、特征、成因、关系、功能等解说清。它是说明文的主要表述方法。议论文和记叙文中也常用到。解说的方法有概括解说、定义解说、分类解说、举例解说、比较解说、数字解说、图表解说、引用解说等。

所谓旅游解说主要是指通过沟通媒体等手段，帮助游客了解特定信息的基本功能，旅游解说在旅游领域的应用能够进一步提高旅游资源的利用率，实现游客同社区以及相关管理部门之间的沟通与交流，推动旅游业的进一步发展。

绝大多数研究者认为，从本质上来说，解说的内涵就是通过运用不同的表达方式以及媒体方式，将特定的信息传达给信息接受者，从而使接受者深入了解事物的本质特征的过程。还有部分研究者认为，所谓的解说其实就是一种信息传递方面的服务，这种服务主要能够实现两方面的功能，取悦游客；阐释现象背后所代表的意义。通过长期的研究与实践认为，旅游解说的功能主要包括六个方面，基本信息和导向服务；帮助旅游者深入了解旅游区资源的功能；加强旅游资源保护的功能；提高旅游区人员管理旅游区的功能；提供一种对话的途径；加强旅游者同社区居民之间的沟通与联系的功能；教育的功能。

解说通常有 4 个特征。

①解说是一种服务，而不是单纯的教育与信息传递过程。

②解说者提供的沟通方式应当多元化，以提升受众的游憩体验。

③解说的目的是帮助人们了解和欣赏旅游地的文化及特性，激发人们对遗产保存、资源保育及环境保护的重视。

④解说还是游憩或资源管理的一种重要策略。吴忠宏在北京大学的环境解说演讲中再次提出"解说"是一种信息传递的服务，目的在于告知及取悦游客，并阐释现象背后所代表的含义。借着提供相关的资讯来满足每一个人的需求与好奇，同时又不偏离主题，以期能激励游客对所描述的事物产生新的见解与热忱。

（二）解说系统构成

解说系统主要包括3个基本要素：解说受众（主要指接受解说的观众或游客等）、解说媒介（包括提供解说的组织机构、个人或解说人员，是解说内容得以传播的途径）、解说对象（解说的景点、事物等）。构建旅游解说系统的目的在于帮助旅游目的地实现教育、服务、塑造景区形象、管理与启发等方面的功能。

1. 主体

（1）理解旅游解说受众

旅游解说受众是指旅游消费者，即通过旅游达到了解、体验、享受旅游过程的目的的个人或团体，也可以理解为旅游解说信息的使用者，主要指游客。这里的游客包括真正意义上的旅游者和潜在旅游者。

真正意义上的游客（现实旅游者）是旅游活动的主体，是旅游解说信息的主要接受者和使用者。通过旅游解说系统，游客在整个游览过程中能接触到大量的关于景区的旅游信息。旅游者会下意识地对自己所接触到的旅游信息进行选择、整理、加工，最终将反馈对自己有用的信息。另外，游客也会将客源地的价值观、文化观等带到旅游目的地，对旅游目的地产生一定的影响，甚至是较大的思想冲击。因此，可以说旅游者不仅是旅游信息的接收者，也是传播者。

潜在游客因为具有旅游动机，除了受自由支配时间、身体健康状况、经济情况等个人因素的影响外，对旅游目的地的陌生感和信息了解不全面也是制约他们将旅游动机转化为现实的重要因素。因此，潜在旅游者也是旅游目的地信息的最初接收者，旅游者在旅行前收集旅游地信息的阶段就已经成为旅游解说的受众。

（2）理解受众对旅游解说的需求

游客的旅游解说需求与其基本属性和参与旅游活动的动机等密切相关。从游客的基本属性来看，游客对旅游解说系统的需求受年龄、受教育程度、婚姻状况、收入水平、职业、到访旅游地的次数等方面的影响。

从游客的旅游动机来看，旅游解说需求也存在差异，如以追求自然景色为动机的游客希望得到解说人员生动形象的讲解、为其提供咨询服务，对这类游客就可以提供偏重于人员讲解的解说服务。重在以学习体验为动机的游客，则希望能够举办学者专家的专题演讲，希望参与历史文化的重演，因此为这类游客规划设计的解说应该注重参与性和知识性。针对特殊群体（行动不便的游客、老年游客、儿童游客、特殊身份和地位的游客、国外游客等），应根据具体的情况，在旅游解说过程中重视这部分游客的特殊需求，以便为他们提供更好的解说服务。

景区在规划设计旅游解说内容、活动时，应综合考虑游客的基本属性、旅游动机、特殊群体的需求等实际情况来进行，尽量做到共性与个性相结合，充分体现人性化的理念，才能取得预期的效果。

2. 客体

客体就是旅游解说对象，是旅游解说受众想了解、体验、享受的物质或精神对象，也就是我们常说的旅游资源，即对游客具有吸引力的自然存在和历史文化遗存，以及直接用于旅游目的的人工创造物。旅游资源是旅游业赖以生存的基础，是开展旅游活动的基础，没有旅游资源，旅游解说就无从谈起。

旅游资源的类型丰富多样，因此，旅游解说的形式和内容应该根据不同类型的旅游资源的特征来确定。如由于自然旅游资源是客观存在的、实实在在的自然物质实体，受地理位置、季节、时间、生态情况等的影响，还要考虑资源的不可移植性、不可再造性等特性。根据自然旅游解说对象的特征，在旅游解说设计时，有区分性地进行解说安排。而人文旅游资源包括依附于物质实体的精神文化，如庙宇、服饰、壁画等；超脱于物质的人类精神文明，如宗教信仰、民族风俗等。其主要具有精神文化性、可创造性和历史社会性等特性，丰富了旅游活动的内容。因此，针对这类旅游资源的解说又有所不同。

景区解说系统的规划设计者应有针对性地采取旅游解说方式和相应的解说内容形式，要善于从不同的旅游资源类型入手，创造出适合不同景区、合时宜的、满足不同类型游客需求的解说形式和解说内容。

3. 媒介

旅游解说媒介或解说方式、解说手段是解说内容得以传播的一种途径，是对旅游景区进行最佳阐释的一种工具。近十几年来，人们逐步意识到解说的重要性，但是仍有一些景区一味地注重开发，而没有认识到解说的重要性。大多开发时间较为短暂的景区，由于发展受限，仍然大量依靠标志牌、导游、游客咨询中心、印刷物、电视等给游客提供自助解说服务。而开发时间相对久些的旅游景区，尤其是在国家或是世界上比较知名的景区，除了依靠传统的解说媒介，还会主动去寻求新的，更为有效的，使游客能得到更好享受的解说服务。

（三）解说类型

旅游解说包括两种主要模式：一种是人员解说，另一种是非人员解说。目前比较受认可和推崇的是吴必虎提出的自导式解说和向导式解说。自导式解说是硬性的解说方式，如牌示、解说手册、导游图、语音解说、录像带、幻灯片等；而向导式解说则是软性的解说方式，如导游员、解说员、咨询服务人员等。

1. 自导式解说

一般情况下，旅游解说系统是指自导式解说系统，它是由书面材料、标准公共信息图形符号、语音等无生命设施或设备，向导游提供静态的、被动的信息服务。其形式多样，包括牌示、解说手册、导游图、触摸屏、幻灯片等。

（1）游客中心

游客中心也称为景区游客接待中心，是旅游景区的文化、形象展示的重要窗口，集为游客提供旅游信息咨询服务、展示销售旅游产品、方便游客集散等功能于一体。它通常分为现实游客中心和虚拟游客中心（网络游客中心），二者共同产生作用，为游客提供便捷的旅游信息咨询，也为景区的形象宣传起着推动的作用。

（2）标志牌

标志牌具有解说、装饰、标志的作用。一方面，它向游客传递旅游服务信息，使旅游景区的服务、教育、使用功能得到充分的发挥；另一方面，通过标志牌的解说，有利于旅游者获取景区的相关信息。

①全景标志牌。全景图是旅游区整体形象在旅游者面前的第一次展现，能让游客对景区有一个整体的认识和了解，因而也是策划、设计的重点。全景图表示全园的总体结构和各景点、道路以及服务设施，如餐厅、厕所、服务中心等的分布，有平面图、鸟瞰图、简介文字等表现形式，一般设置在景区的大门口。相对于平面图来说，鸟瞰图能够更加直接形象地把景区的整体轮廓呈现在游客面前。对于全景标志牌，建议使用沙盘技术，配以必要的讲解说明。

②景点标志牌。这类标志牌用以说明单个景点的名称、性质、历史、内涵等信息，可以体现解说系统的教育功能，对旅游者有较强的吸引力，游客愿意花较多时间阅读这类景点标志。

③指路标志牌。这类标志牌在游道节点，向旅游者清晰、直接地表示出方向、前方目标、距离等要素，有时可以包含一个或多个目标地的信息。

④警示标志牌。即告知游客各种安全注意事项和禁止游客各种不良行为的牌示，此种牌示多用红色，如"小心悬崖""请勿踩踏"等。

⑤服务标志牌。这类标志牌主要是指相关服务功能设施的引导牌示，包括厕所、餐厅、冷饮、小卖部、照相、游船以及商务中心等牌示。

需要注意的是，标志牌的特点要鲜明，设计要崇尚自然、个性与人文关怀的精神，要与普通的标准化的城市解说标志牌相区别开来。另外，还

需要注意的是，标志牌设立之后，应经常检查，及时解决字体脱落、掉色等问题。如果疏于管理，即便是一个字的脱落，旅游者也会感觉"景色不错，可惜这里的管理不行"。

（3）旅游网站展示

旅游网站主要展示景区景点的特色、旅游信息、风景风光图片、风景片、景区新闻、旅游线路、旅游论坛等，向游客介绍旅游景区的基本情况，使游客提前领略到旅游景区的美景、历史文化内涵，吸引游客前来参观游览。

（4）音像制品解说

这是基于影像制品集图片、文字、声音、影像于一体的，可以生动、形象地传递景区各类信息的产品，使游客产生身临其境的感觉，增添游客参与旅游解说的乐趣，是宣传景区旅游形象、传播景区文化的重要方式。

可以采取的方式主要有两种：一是通过 VCD、DVD、CD 等影像展示，在景区可以设置多媒体放映厅、滚动液晶电子显示屏、幻灯片、电视等；二是背景音乐、语音提示、电子语音导览等声音展示，景区较多采用的是广播、背景音乐及电子语音导览器。

（5）印刷物品解说

景区印刷物品主要包括景区宣传折页、景区导览图、旅游指南、旅游风光画册、旅游景区名人传记等。它的主要印制内容涵盖了景区的食、厕、住、行、游、购、娱等方面。它的主要功能在于向游客传递旅游景区的各方面信息，使游客对景区的发展概况、管理状况、生态环境等了解得更加深刻，充分满足游客的精神需求，提升游客的游后体验质量，还有利于景区管理者作出决策，提高旅游景区的管理、服务水平。

2. 向导式解说

向导式解说也称导游解说或人员解说，主要是指专门的导游员向旅游者进行主动、动态的信息传达。解说员的优点在于解说过程中可以和游客互动，随时回答游客提出的问题，而且这种解说不长期占用具体空间。但毕竟事情经过嘴的描述就会有不同的演绎，版本就会多起来。游客认为，导游员基本上都是在"背诵"那些解说词，没等游客明白就又开始"背诵"下一段，灵活性、针对性不强。由于讲解人员的素质参差不齐，人员解说的质量难以保证。

人员解说是目前游客比较青睐的一种旅游解说方式，其具有自觉能动性等方面的特点，方便与游客进行交流并实现双向交流，讲解内容灵活多样、形式各异。人员解说多数是付费的服务，成本比较高，在同等条件下，游客可能会更多地选择一些免费的介绍，所以人员解说还要同其他的解说方式相结合。

（1）景区对讲解员的要求

①硬件要求。涉外较多的景区应具备相应语种的讲解员，能完成景区涉外

语种的讲解任务；普通话标准；获得景区讲解资格或导游资格证书。

②个人条件。要求语言表达能力强，五官端正、身体健康、性格开朗。

③知识素养。具有丰富的历史知识、地理知识、文学知识和一定的科学知识，特别要具备与景区讲解有关的专业知识。要解答形形色色的游客的疑问，必须要懂得多、懂得广、懂得深。这样才能寻找到与游客的共同点，进而提高自己的亲和力，使游客能更加开心地度过整个旅途。

④个人修养。有较强的事业心和团队精神，敬业、守纪。

⑤业务能力。熟悉导游讲解业务，带团经验丰富，有较强的现场导游能力。

（2）导游薪酬体制影响服务水准

导游是旅游接待工作的"一线员工"，是整个旅游服务的关键环节。一次旅程成功与否，在很大程度上取决于带团导游的服务水平和努力程度，而导游人员的服务水平和努力程度

又在很大程度上取决于他们所得到的报酬和待遇。世界上绝大多数国家的导游是自由职业者，理论上他们可通过谈判来确定自己的服务收费，而现实中导游服务收费在许多国家是既定的，或由政府机构来规定，或由导游协会和旅游产业界的协议规定。

（四）智能解说服务分析

1.扫微信，听解说

景区布置语音智能讲解系统和Wi-Fi，再通过微信"扫一扫"功能就能听景区语音讲解，语音导游讲解的自然度和流畅度均能达到真人讲解的效果。游客能根据个人游览节奏自由选择景点，有效获取自己感兴趣的景点信息，并且可以反复听取讲解。

2.采用录音方式听解说

这是将景区的全景解说、景点解说和景观解说采用数码录音的方式，存放到一个存储量较大的解说器上，形式就像以前市场上的MP4一样。旅游景区要将与景区相关的所有解说词以不同的语种全部存储到解说器上，并分割成不同的文件，即将每个景观的解说词分别归入景点文件，并将景点名显示在显示屏上面。

3. 感应式电子导游器

采用这种方式,当游客携带解说器到达某一景点时,解说器会与之产生感应,就会启动信号,然后自动地解说。比如,基于 AVR 单机片的人体接近智能电子解说器就属于其中之一。

4. 手控式电子导游器

手控式电子导游器,是为大多数零散游客创制的一种辅助导游手段。它可以让游客按照设定的经典路线,选择景点或展位的讲解,使其得到每个展位、景点的完整信息。

5. 无线接收

这种媒介是由很多台无线调频发射机和游客接收机构成,它是在景区的各个景点分别放置调频发射机,当发射机开始工作后,游客可在景点周围收听到适合自己的导游词,它的功能和收音机相似。

6. 手机接收

由管理机构划出一个手机号段给景区,游客到达景区,传一个信息给信息平台后,手机将变成一个自动讲解器。这种解说可以让游客随意游览,还圆满地解决了讲解器问题,非常适合自助游客。这种解说媒介适合推广采用。

景区智能解说服务是智慧景区建设的一部分,也是未来景区解说服务发展的方向。

三、旅游景区商业配套服务

旅游业的发展潜力巨大,扩展空间广阔。旅游业被许多地方列为支柱产业,因此,旅游景区商业配套服务是发展旅游业必不可少的一部分,并受到越来越多的关注。

(一)景区购物服务

游客购买旅游商品的目的是旅游纪念以及赠送亲友。游客都希望购买的物品能够代表自己去过的旅游区,即具有较强的旅游纪念价值,而旅游景区是最能够集中提供旅游纪念品的场所。旅游购物作为旅游的一个体验环节,其购物过程的愉悦程度将会影响旅游者对整个旅游过程的评价,甚至会影响到旅游者对旅游目的地形象的客观评价。

1. 购物在旅游景区中的作用

参考世界旅游组织关于景区购物含义的界定，旅游购物是为旅游者作准备或者旅途中购买商品的总和，其中包括对衣服、工具、纪念品、珠宝、玩具、报刊书籍、音像资料、美容及个人物品和药品等的购买；不包括任何一类游客出于商业目的而作出的购买，即为了转卖而作的购买。

购物在旅游景区的作用主要体现在以下方面：

①购物是景区旅游市场的重要组成部分。

②购物是景区创收的重要来源。

③购物旅游资源是景区发展潜力很大的资源。

④购物是提高景区整体竞争力的要素之一。

⑤旅游购物能增加当地居民的收入，提高就业水平，并能带动景区相关产业的发展。

"旅游购物"是旅游活动传统的七要素之一，也是非基本旅游消费支出项目之一，其支出的比例高低是一个国家或地区旅游发展成熟度的衡量标准之一。

根据中国社会调查事务所在北京、天津、广州、武汉等城市所作的主题问卷调查发现，90%以上的旅游者在外出旅游时都会购买一定的商品。现在旅游购物已不仅仅是满足旅游者的消费需求，而是使购物成为一种实实在在的旅游经历，满足了旅游者精神上的需求。通观整个社会的旅游环境，游客在旅游的过程中因为购物被损害合法权益的事件时有发生，不但没有给旅游者带来精神上的愉悦，反而还增添了一系列的烦恼，使旅游者对整个旅游目的地有了较差的印象。

2. 旅游商品

（1）旅游商品的特点

旅游商品是旅游资源的一个重要组成部分，旅游商品的创汇在旅游经济总收入中所占的比重是衡量一个国家、一个地区旅游经济效益好坏的主要标志之一，直接影响着旅游业整体收入水平的高低和收入结构的合理性。广义的旅游商品主要包括旅游纪念品、旅游日用品、各种土特产、各种工艺美术品、文物古玩及复制品以及各种旅游零星用品等；狭义的旅游商品是指旅游工艺品和旅游纪念品。

旅游商品与一般商品一样，都是可见可及的物质形态，都具有使用价值和价值。但旅游商品是伴随着旅游活动而产生的一个特有的经济范畴，和一般的商品相比又有所区别。

①旅游商品的经营方式和一般商品有所不同。旅游商品的经营受游客流量大小、旅游市场波动影响大，这使旅游商品的生产和销售具有很大的波动性。一般的商品由于当地居民具有长期性和稳定性的特点，所以一般商品的生产和销售则具有相对稳定性。

②旅游商品的消费层次、品种特色等方面的要求与普通商品不同。一般的百货商品主要是为了满足当地居民的日常消费的需要，注重商品的使用性和经济性。旅游者在旅游过程中购买旅游商品，更注重它对旅游活动的纪念意义，因此旅游商品更注重商品的民族性、地方性、艺术性、纪念性，在其产品的品种、档次、包装、造型上比一般商品有着更高的要求。

③服务对象不同。一般的商品的服务对象主要是当地的居民，是为了满足当地居民日常生活的需要。旅游商品的服务对象是游客，游客是旅游商品存在的前提，没有游客旅游商品就无从谈起

④销售网点的布局不同。一般的商品的服务对象是当地居民，为了方便居民的购买，销售网点多分布在居民的居住地附近。旅游商品的销售网点是根据旅游者的活动特点而布局的，主要设置在旅游城市的旅游景点区、风景名胜附近、宾馆饭店及商业繁华地带或大的商业中心。

旅游商品也不同于旅游产品，旅游产品是一个整体概念，它是由旅游资源、旅游设施、旅游服务和旅游商品等多种要素组合而成。旅游商品主要是指旅游活动中人们所购买的物品，即旅游购物品。旅游商品的概念范围要小于旅游产品，旅游商品只是旅游产品的一部分，被包含于旅游产品之中，或者也可以说旅游商品实际上只是旅游产品概念集合中的一个子集。

（2）旅游商品的类型

根据不同的分类标准，可将旅游商品划分出不同的类型。旅游商品的种类

繁多、分布广泛，不同的国家和地区往往根据自己的情况对旅游商品作出不同的分类。旅游商品的主要分类方法是根据旅游者购买的实际用途状况进行分类，可分为旅游工艺品、旅游纪念品、文物古玩及仿制品、土特产、旅游日用品等。

①旅游工艺品。这主要是指用本地特色材料制作的，具有独特的工艺、精美的制作、新颖的设计的艺术品，它是传统文化艺术宝藏的重要组成部分。作为旅游购物品的主要有雕塑、金属、刺绣、绘画、蜡染、各种玩具等艺术品。

②旅游纪念品。这主要指以旅游区的人文景观和自然景观为题材，体现地方特色传统工艺和风格的、带有纪念性的工艺品。这类商品的品种多、题材丰富、数量大、纪念性强，具有很强的艺术性、收藏性、使用性和礼品性，其中艺术性是最基本、最重要的特性。这种类型的旅游商品一般样式精美也不太昂贵，利于馈赠，还可留作纪念，给旅游者留下美好的回忆。

③文物古玩及其仿制品。这主要指国家允许出口的古玩、文房四宝、仿制古字画、出土文物复制品、仿古模型等。这类旅游商品真品相对比较昂贵，适宜于豪华型游客的购买；而仿制品则价格适宜，深受广大游客的欢迎。

④土特产品。这类旅游商品种类十分丰富，而且具有很强的地方特色，深受旅游者的喜爱，多为旅游者必购的自用品和礼品。

⑤旅游日用品。指旅游者在旅游活动中购买的生活日用品，包括鞋帽、洗漱用具、箱包、地图指南、化妆品、防寒防暑用品以及常用的急救品等。

⑥旅游消耗品。这是旅途中所消耗的商品，主要有饮食用品和日常用品。饮食用品是旅游者在旅途中消耗的食品、饮料、当地特色小吃等。

3. 景区购物行为特点及服务程序

景区购物行为的特点主要有仓促性、非经验性和随意性。

（1）旅游购物行为仓促性

仓促性一般是受到旅游行程的限制和旅游动态行为的影响，旅游者来不及也无法对旅游商品仔细辨别，也缺少对该产品的认识。选择时间的有限性要求旅游者在较短的时间内作出决策，并完成购买行为。旅游者在旅游过程中对造型优美、具有当地文化特色、其服务人员服务态度好的旅游商品容易在很短时间内产生购买意向。

（2）旅游购物行为非经验性

旅游者在旅游途中购物，一般对购买对象不太熟悉，是非经验性购买行为。另外，购买时间短、选择时间仓促，容易受到来自其他旅游者和购物氛围的诱导。再者，旅游者在景区购物容易造成购物遗憾，由于景区的异地性和旅游活动的动态性，旅游购物产生的遗憾往往很难弥补。旅游者大多是结伴而行或者跟团旅游，少数人购买商品的行为可以调动他人的购物欲望，旅游购物还具有一定的从众心理。

（3）旅游购物行为随意性

由于旅游购物是非基本旅游消费，所以是否产生购物行为由旅游者的兴趣决定。有些旅游者可能有既定的购物意向，有些旅游者可能没有既定的购物意向。即使有些旅游者有购物意向，如果供应的旅游商品毫无特色，与旅游者的购物需求不符，旅游者也会放弃购物。如果旅游景区商品品种丰富，有一定的地方特色，购物环境比较有吸引力，游客会因为即时的兴趣而产生购物行为。因此，旅游者购物行为的产生是多种因素综合作用的结果，具有一定的随意性。

针对景区购物行为的特点，旅游景区工作人员要为游客提供完善的购物服务。

（二）景区餐饮服务

餐饮是旅游景区的重要组成部分。它作为旅游景区的配套服务设施，不仅直接关系着游客的旅游体验，影响旅游景区整体形象，还与购物、住宿、娱乐等内容共同构成旅游景区产品体系，决定旅游景区盈利模式。

1. 景区餐饮服务的特点

（1）消费层次高

旅游景区因客流量大以及地理位置特殊，人均消费比一般餐饮点高。随着人民收入水平的逐渐提高，游客对餐饮服务质量的要求也会越来越高。

（2）经营方式灵活

旅游景区餐饮服务的经营方式具有灵活性，主要有景区自助经营、承包经营、特许经营等多种经营方式。

（3）管理难度大

旅游景区餐饮服务因其经营方式灵活，缺乏有效的管理制度，所以管理难度很大。旅游景区的小餐饮店或家庭作坊，产品粗糙，环境卫生得不到保证，质量控制随意性强。

景区餐饮业的管理制度急需加强，因为目前旅游景区餐饮行业存在低值高价、偷工减料、以次充好的问题，这使游客消费时缺少安全感。

2. 景区餐饮服务的作用

（1）餐饮服务是景区服务的重要组成部分

在新旅游七要素"食、厕、住、行、游、购、娱"中，"食"排在了首位。中国自古讲究"民以食为天"，景区餐饮服务存在的前提是旅游者的餐饮需求，景区应根据游客的实际需要为游客提供高质量的餐饮服务。

（2）特色餐饮是景区的重要旅游资源

饮食文化是中国文化一个重要的组成部分，游客可以通过品尝美食了解当地的民风民俗、文化传统、历史沿革，甚至宗教习俗。旅游餐饮不仅仅是旅游者的生理需求，是旅游活动得以进行的必要手段，而且可以成为旅游的目的之一，即成为吸引旅游者的一种旅游资源，如美食旅游。景区的餐饮服务如果能根据客人的需求以及当地实际，恢复或开发一些名菜名点，推出特色餐饮，必然可以丰富旅游的内容，吸引更多的游客。

（3）餐饮服务水平是景区服务水平的重要标志之一

餐饮服务的水平由多种因素决定，从游客的角度来看主要是由菜品的烹调技术和餐厅的服务两大因素决定。烹调技术的高低决定了菜品的味道好坏，而餐厅的服务水平则影响着游客购买、消费该产品时的心理状态。餐厅的服务除了服务人员的态度和技能，还包括餐厅的环境氛围、餐饮器皿等的质量水平，而这些都和景区的经营管理水平密切相关。

3. 景区餐饮服务的类型及形式

景区内的餐饮类型主要包括大排档、快餐服务点、特殊餐馆、主题餐厅等。

（1）大排档

食摊大排档以供应地方小吃为主，由于花样繁多而且价格低廉，因此特别受到游客的喜爱。如南京的夫子庙是秦淮小吃的发源地，历史悠久、品种繁多，形成了独具秦淮传统特色的饮食集中地，是我国四大小吃群之一。

（2）快餐服务点

游客到景区的主要目的是参观游览，因此在游览过程中会选择简便易携带的快餐来节约用餐的时间；同时，快餐服务点的设置还可以省出大量的就餐空间，减少投入，增加销售额。由于快餐服务符合旅游餐饮的特点，在国外许多著名景区的餐饮服务大都以快餐服务为主。

（3）特色餐馆

特色餐馆主要指经营的特色菜品的餐馆。在一些著名景区，还有一些著名的传统老字号餐饮店。如坐落在西湖边上，素以"佳肴与美景共餐"而闻名的"楼外楼"餐馆。

（4）宴会餐厅

宴会是以餐饮聚会为形式的一种高品位社交活动方式，因此大型宴会餐厅非常讲究环境的设计，同时对于宴会菜单的设计以及餐具的配置都有严格的规定。

（5）主题餐厅

这种餐厅往往围绕一个特定的主题对餐厅进行装饰，甚至食品也与主题相配合，为顾客营造出一种或温馨或神秘、或怀旧或热烈的气氛，千姿百态、主题纷呈。如在三亚景区，有着各种各样的民族风情餐厅，比较有代表性的黎寨餐厅，就以"黎寨风情"为主题，餐厅装饰多以茅草盖顶，有木制墙裙，服务风格引入黎族待客风俗，清秀的黎家少女身着民族服装侍立两旁。

（6）农家乐和户外烧烤

农家乐餐饮为游客提供地道的农家饭，使游客在农家品尝五谷杂粮和天然野味的同时，身心得到一种回归自然的享受。户外烧烤也是景区常见的用餐类型，但考虑到烧烤时油烟对景区环境的破坏，这种餐饮类型不值得提倡。

（7）餐饮＋娱乐

随着游客餐饮的多元化需求，景区的餐饮形式开始与各种娱乐活动相结合，呈现出多样化的特点。

①餐饮与歌舞表演相结合。采取饮食文化与歌舞艺术相结合的形式，使游客在品尝美味佳肴的同时，还能欣赏一台优美的歌舞表演。比较著名的有西安唐乐宫唐代歌舞盛宴，昆明世博园的"吉鑫宴舞"等。

②餐饮与康体活动相结合。这主要是指餐饮与垂钓、桑拿、洗浴等康体活动相结合。例如在一些景区，游客可以在鱼塘垂钓后，将自己亲手钓的鱼虾交给景区内的厨师烹制，更可亲自下厨，做出适合自己家人口味的美味佳肴。

③餐饮与郊野娱乐相结合。这种餐饮形式常见的有篝火晚餐、滨海大排档、野外烧烤。例如在承德坝上草原推出的"烤全羊"项目，同时附赠篝火晚会项目。

4. 景区餐饮经营管理的特点

（1）客源构成多样性

受市场区位等要素的影响，旅游景区餐饮客源以游客为主，周边居民消费较少，其核心客源来自全国各地，具有不同的消费习惯和消费水平。因此，景区餐饮在客源构成上具有多样性。

（2）经营管理复杂性

客源构成的多样性决定了旅游景区餐饮在市场营销和产品创新等经营管理思路上不能像社会餐饮一样，集中选择某个目标市场、开展经营管理活动。它需要更加灵活的管理方式才能满足不同地域、不同层次游客的消费需求，这使得景区餐饮管理存在着极大的复杂性。

（3）关联性

景区餐饮是构成旅游景区系统的子系统之一，这决定了它必然与景区其他组成部分存在十分紧密的联系。景区餐厅从财务上看是独立经营、自负盈亏，但从产品价值链的角度看，其在市场营销、人力资源、设备管理等方面都具有明显的依赖性。因此，其各项业务都需要与整个景区形成较强的关联性。

（4）管理主体多元性

景区餐饮的关联性决定了经营管理主体的多元性，景区餐饮管理不完全隶属于某个部门，而是由多个部门共同管理。餐饮部虽然是整个景区餐饮的核心部分，但其人力资源管理、市场营销等工作却被分摊到景区其他部门。

（三）景区住宿服务

1. 景区住宿服务含义

景区住宿服务是指景区工作人员借助景区的住宿设施（如酒店、民宿、客栈等）向游客提供的，以满足游客在景区住宿、休息等需求为基本功能，同时也可满足游客其他需求的服务。

景区提供的住宿服务设施主要有宾馆、饭店、度假村、疗养院、民宿、客栈、房车、野营地等类型。

2. 景区住宿服务内容

景区住宿服务主要包括前厅部服务和客房部服务。其中，前厅部服务主要包括客房预订服务和接待服务（入住登记、问讯、礼宾、总机等服务），客房部服务包括清洁卫生服务（整理客房、补充物品、检查保养）、对客服务等。

景区住宿服务通常与餐饮服务等其他辅助服务相互配合，为游客在景区内的旅游活动提供最基本的条件，使旅游者的基本需求得以满足，并获得心理上的安全感。设施齐全、特色鲜明、服务舒心的景区住宿可为游客带来美好的旅游体验，延长游客在景区逗留的时间，提高游客的满意度和重游率。

3. 特色住宿——民宿

"民宿"这一词源自日本的"民宿"（音Minshuku），民宿的广泛定义，涵盖甚广，除一般常见的饭店以及旅社之外，其他可以提供旅客住宿的地方，例如民宅、休闲中心、农庄、农舍、牧场等，都可以归纳成民宿类。民宿的产生并不是偶发于日本或中国台湾地区，世界各地都可看到类似性质的服务。

民宿在世界各国会因环境与文化生活不同而略有差异，欧洲大陆地区多是采用农庄式民宿（Accommodation in the Farm）经营，让一般民众能够享受农庄式田园生活环境，体验农庄生活。加拿大则是采用假日农庄（Vacation Farm）的模式，提供一般民宿，游客在假日可以享受农庄生活。

民宿具有充分体现地域文化、服务个性化、主客互动的生活体验、共有情怀互动、极致服务理念及精彩的建筑设计等特点。民宿目前逐渐成为景区主要旅游产品，改变了传统景区住宿的模式。

（四）景区娱乐服务

1. 景区娱乐服务的含义

景区娱乐服务是指借助景区的设施给游客提供的各种娱乐活动，使游客获得视觉及身心的愉悦，常表现为非物质形态的体验。

2. 景区娱乐服务的内容

①按照产生时间和主题划分。从娱乐活动产生的时间和主题看，景区娱乐服务分为传统娱乐活动和现代娱乐活动两大类。如泼水节、赛龙舟、那达慕等传统节庆娱乐活动是民族历史文化的沉积；"又见平遥"等现代新兴娱乐活动体现了旅游者对景区娱乐活动的要求越来越高，需要景区精心策划。

②按照场地划分。

舞台类——这种娱乐服务因景区规模和类型不同而呈现出不同的特色。随着旅游者多元化需求的增加，该类娱乐服务也呈现出多样化的特色。如大型实景演出的出现，扩展了舞台的外延，使娱乐体验更震撼人心。

广场类——这是景区最早采用的娱乐形式之一。它是景区为了丰富游客的旅游经历和体验而策划的中小规模的、由游客参与的娱乐活动，活动内容比较丰富。

村寨类——近年民族旅游受到越来越多的旅游者的青睐，一些民族旅游聚集地相继建立了以民族村寨为特色的景区。游客在景区内可以体验到许多具有民族特色的旅游活动，感受民族文化，获得精神愉悦感。

街头类——该类娱乐活动纷繁热闹，其源于过去或新兴的街头娱乐项目，包括传统项目如评书、套圈、杂技、绘画、街头行为艺术等。这类娱乐项目能有效地烘托景区的旅游氛围，也为艺术爱好者提供了展示的场地。

特有类——该类娱乐活动是景区为了适应旅游者求奇求新的心理，而不断推出的新型娱乐项目，其更新速度很快，如蹦极、滑翔等。

3. 景区娱乐服务的目的和意义

①有利于提高游客的体验和满意度。景区娱乐不仅能让游客欣赏到精彩的节目，同时也能让游客参与到娱乐活动中，在旅游体验过程中获得较好的旅游体验，从而吸引游客重游景区。

②是景区直接创收的重要途径。作为旅游七要素之一的"娱"，利润空间较大，是景区创收的途径之一。

③拉动景区内相关产业发展，实现景区间接创收。景区娱乐项目的开发，不仅可以延长游客逗留的时间，还可以改善景区收入的模式，拉动其他六要素

的发展，实现景区间接收入。

4.景区娱乐服务管理总体要求

①保证各种娱乐设施设备完好。景区工作人员应加强对娱乐设施设备的定期维护和保养，必须在每天上岗前认真检查所有娱乐设施，保证其处于良好的使用状态，确保游客人身安全。

②提供清洁卫生的娱乐环境。景区工作人员应保持娱乐项目所区域的清洁卫生，每天上岗时、下岗前要认真打扫，为游客提供一个良好的体验环境。

③注重工作人员的素质培养。景区工作人员的培养是一项艰巨工程，应培养员工的学习能力。景区员工应具备良好的职业道德、文明素质、娴熟的技能和良好的心理素质，为游客提供高质量的服务。

④做好娱乐项目的配套服务工作。景区工作人员应耐心、细致地为游客讲解娱乐项目及设施的使用注意事项。对于过于刺激的娱乐项目，应事先告知游客娱乐活动的危险性，提醒其注意游乐安全。

总之,景区应保证为游客提供舒适、安全、清洁的娱乐环境,热情周到的服务,使游客有宾至如归之感,有利于塑造景区的旅游品牌。

第二节　旅游景区安全管理

一、旅游景区安全

（一）旅游景区安全概念

旅游景区安全是一个综合的概念，既涉及旅游者在景区的安全，也包括旅游景区资源、设施设备、从业人员的安全，以及景区管理者应对各种突发事件、化解风险、抵御各种灾害维持稳定的能力。旅游景区是旅游者活动的载体，是重要的集散中心，旅游景区安全是维护景区形象、提升服务质量、保证旅游活动正常开展的重要前提条件。

旅游景区安全是指旅游景区管理者根据国家安全工作的方针政策，在接待服务过程中采取多种措施和方法，解决和消除景区各种不安全因素，以确保景区和旅游者的人身及财物安全。

（二）旅游景区安全重要性

旅游景区作为旅游业的重要组成部分，是游客旅游的最终目的地和重要集散地，面临的环境相对复杂，因此，要确保景区能够持续稳定发展，安全是不容忽视的一个重要环节。旅游景区安全涉及旅游者、旅游经营者和旅游业的共同利益。

1. 旅游者

旅游景区安全是提高游客满意度的重要保证。根据马斯洛需求层次理论，安全需求是仅次于生理需求的基本需求。在对一般美国人的调查中发现，安全需求占到70%，与其他较高层次的需求相比，占了相当大的比例。而外出旅游对于人们来说，属于较高层次的享受需求和发展需求，要想使高层次的旅游活动行为得到满足、提高游客的满意度，就需要有较大程度的旅游安全保障作为基石和先行条件。

2. 对旅游经营者

旅游景区安全是保证旅游活动顺利进行并获取良好经济效益的前提。虽然旅游经营者经营的目的不同，但都要在确保各项旅游活动正常运行的情况下，通过满足游客的需要达到自己的目的。而旅游事故的发生，无疑会给旅游经营者旅游活动的正常开展带来不同程度的影响，如直接的经济损失，较长时间内游客量的大幅度减少，信誉和形象的破坏，更严重的是可能直接导致景区旅游毁于一旦。

3. 旅游业

旅游景区安全是旅游业可持续发展的基础。根据经济学中的"木桶原理"，即木桶容量的大小并不取决于最长的那根木条，也不取决于平均长度，而是取决于最短的那根木条。若某一要素极端恶劣，其负面效应足以抵消其余要素的全部正效应，就会出现服务业"100-1=0"的情形。因此，不管哪个方面出现安全问题，都会对景区整个旅游业产生影响。它不仅影响到旅游业的形象和信誉，还关系到旅游业的生存和发展。

（三）旅游景区安全隐患因素

1.旅游者因素

（1）游客安全意识差、安全行为差

旅游的本质决定了旅游者以追求精神愉悦与放松为特征和目的，这就导致游客出游的主要动机是放松休闲、逃避世俗环境，甚至到人迹罕见处"闭关"。这些出游动机更多地使游客容易流连于山水之间而在精神上放松警惕，在行为上放纵自己。这些都为旅游安全隐患成为现实提供了温床及恣意扩大的空间，如随意扔弃烟头，在干旱季节里野炊、野外烧烤，从而引发山林大火等行为。

（2）游客盲目追求个性体验

一方面，部分游客刻意追求高风险旅游行为，个别游客甚至不顾生命安全而去寻求一种危险刺激，包括极限运动、峡谷漂流、探险旅游、野外生存等活动在内的一批惊、险、奇、特旅游项目成为流行时尚。另一方面，游客早已不再满足于传统的被动旅游的方式，而是纷纷转向主动式、自助式、多文化主题的个性化旅游，主观上愿意选择游客相对疏散的景区，强调刺激和动态参与，单独行动、随性而为。

2.景区管理者因素

（1）管理人员不足

旅游活动涉及方方面面，旅游安全也涉及方方面面。在这种情形下，许多景区管理者往往抱着侥幸的心理，认为事故不会轻易发生。他们要么为应付相关部门检查而组建一个可有可无的安全管理机构，要么干脆为了节省开支尽可能地减少安全工作人员，在旅游高峰期出现安全工作人员短缺后，便临时抽调一些无相关工作经验和安全知识的人员充数，这是极其危险的。

（2）安全体系不完善

大多数旅游景区还没有建立起完善的安全体系，缺乏必备的安全防护设施，也不能把安全管理工作落实到日常管理中。例如，不按标准要求进行安装、试车和检验就投入运营，旅游设施老化、操作失误等，这些人为因素造成的旅游安全事故层出不穷。

（3）景区管理手段落后

大多数景区仍停留在原始的坐等事故报案或巡逻阶段，无法对事故的发生进行有效的监控。从旅游景区自身环境来看，容易出现发生事故的"盲点"。这是因为，景区内往往集自然山水之大成，包括陡峭的山峰、茂密的森林、弯曲的河流、幽深的山谷等多种自然的要素，其地形、气候复杂。另外，景区面积大、人员复杂、游客流动大，不易于防卫，这些都在客观上造成了安全隐患。因此，仅靠偶然警觉和自发防控并不可靠，"零事故"目标的实现还有赖于先进管理方法和高新技术在旅游安全管理上的使用。

3. 社会因素

（1）社会管理机制不健全

我国旅游安全管理部门多而复杂，风景区的日常工作涉及多个政府职能机构，如旅游、工商、林业、环境等诸多部门。但这些部门、机构大多没有完全理顺彼此间的行政关系，由此导致多头领导、管理错位和混乱。更严重的是由于职责不明、责任落实不到位等原因形成了管理上的"真空地带"。这种局面使景区安全受到威胁，安全隐患问题得不到及时发现和解决。

（2）相关法规不配套

在旅游安全管理立法上，还存在许多空白处。一些颇受游客欢迎又对安全需要较高的特殊旅游项目未能纳入安全管理范畴，导致旅游设施安全事故频发。有关旅游的政策、法规相对于旅游经营实践存在滞后性，至今还设有建立起专门的旅游安全法，旅游安全发生依照《旅游法》《突发事件应对法》《旅行社条例》和2016年12月1日由国家旅游局发布的《旅游安全管理办法》。

（3）旅游安全管理执法不力

由于种种原因，已有的相关法律法规及安全制度并没有得到很好的落实。目前，我国旅游景区普遍存在重旅游基础建设、轻安全设施建设的现象。这二者的结合使景区安全隐患无处不在，直接给游客的安全带来了威胁。

4. 其他因素

导致旅游安全事故的其他因素丰要是自然因素，如洪水、泥石流、滑坡、地震等自然灾害，这些因素在山区型景区最容易发生。在旅游高峰期，一旦发生旅游事故，往往造成重大的损失。此外，也有人为因素，如旅游设施的设计不合理、质量不过关等，往往也埋下了安全的隐患。

二、旅游景区安全系统组成

（一）旅游景区安全系统结构

相关专家学者从不同角度来表述旅游景区安全系统，王志华、汪明林从内外部角度提出旅游景区安全管理系统包括外部旅游安全管理系统和内部旅游安全管理系统。从安全管理角度提出了旅游景区安全管理系统由景区安全预防预警系统、景区安全现场控制系统和景区安全应急避险管理系统组成。风景区旅游安全管理系统可以由控制机制系统、信息管理系统、安全预警系统、应急救援系统4个子系统组成。

（二）旅游景区安全核心子系统

旅游景区安全核心子系统主要是以满足旅游者的"吃、厕、住、行、游、购、娱"七要素为核心需求的服务安全。其中，"食"主要是满足现代旅游者在旅游景区的饮食服务安全，提供符合食品质量要求的餐饮食品、安全卫生的餐饮环境以及基本的餐饮服务。"厕"主要是满足旅游者（尤其是特殊人群）的如厕需求，保证如厕环境的整洁，旅游厕所要体现人文关怀。"宿"主要涉及在旅游景区的住宿设施的安全和应急突发事件的处置。"行"主要包括旅游景区的内部交通和外部交通安全。"游"主要是旅游景区合理的游客容量和安全标志建设及旅游景区承载力。"购"主要是满足旅游者购物安全需求，维持良好的销售秩序和商业信息，提供质价相符的旅游商品。"娱"是满足游客在景区活动过程中的娱乐安全及旅游娱乐设施的安全。这7项要素是旅游景区安全的核心内容，它们相互作用、相互配合，共同组成了旅游景区核心安全子系统，保障游客在旅游景区的人身、财物安全。

（三）旅游景区安全辅助子系统

核心服务安全需要许多辅助安全子系统提供保证。旅游景区辅助服务安全包括旅游景区硬件安全和旅游景区软件安全。旅游景区硬件安全包括旅游安全标志、医疗设施、安全咨询服务、安全救援队伍等；旅游景区软件安全包括游客的安全服务信息、安全的服务行为和为保障安全而制订的应对突发事件的应急机制等安全管理制度、应急组织系统等，为游客提供安全的体验环境。现在，旅游景区辅助子系统中的硬件、软件安全内容日益完善，让游客有了安全的旅游环境和旅游的安全感，树立了旅游景区安全形象，增加了旅游景区的安全附加值。

（四）旅游景区安全保障子系统

旅游景区安全保障子系统主要由安全管理组织、安全队伍建设、安全技术支撑、安全经营风险、周边社区安全、事故保险6方面组成。安全管理组织是整个景区安全管理的组织保证，安全队伍建设关系到旅游景区安全管理的有力执行，旅游景区的安全状况离不开高科技技术的支撑，安全经营风险是指导旅游景区经营发展的关键，旅游景区的安全运营离不开周边社区的支持，旅游景区安全事故保险是规避、化解旅游景区安全风险的有效手段。保障子系统的6方面共同为旅游景区的安全提供保证。在旅游景区安全系统结构中，核心子系统是提供基本安全服务内容，满足客人最基本的安全需求；辅助子系统则为核心方面得以更好实现而提供辅助性服务；保障子系统是核心子系统和辅助子系统安全的有力保证。

三、大数据背景下景区安全预警机制构建

俗话说"人无远虑，必有近忧"，构建预警机制，做好事前控制，对景区安全来讲显得尤为重要。"互联网＋"技术在旅游景区安全中发挥着重要的作用。网络搜索、关注度趋势、"前兆效应"等大数据在旅游景区的运用，吸引了越来越多的关注。旅游大数据为解决旅游景区安全问题提供了新的手段与方法，规避了传统信息收集方式滞后、不能及时预判客流量的缺陷，为构建景区安全预警机制提供了新思维。

（一）大数据对于景区安全预警机制构建的重要性

《旅游法》对景区等旅游经营者开展旅游经营活动的基本要求是景区应该给游客提供安全的旅游环境，景区的经营管理过程应该具备安全生产的条件。"新常态"下旅游景区应建立主动性、预防性的安全管理工作体系，重视对风险隐

患的排查和消减，为游客游览观光提供放心、安全的环境。

旅游大数据是旅游行业的从业者、消费者等旅游活动参与者所产生的数据。而景区安全预警机制的核心系统是以满足旅游者的"食、厕、住、行、游、购、娱"七要素为核心需求的服务安全。旅游大数据凭借对旅游各环节产生数据的搜集整理，特别是对游客数量、人员构成、实时动向等数据的精确分析，实现提前预测、控制客流，突破了传统景区通过门票控制客流的方式，在构建新形势下的景区安全预警机制中起着越来越重要的作用。

1. 容量大、类型多，能够建立全面的安全预警机制

旅游大数据主要有两个方面的来源，一是景区历史数据，更多的是人流量、门票销售量等原始记录。二是源于旅游者的数据搜索，借助计算机对搜索记录进行分析，可以得知旅游者的去向、停留时间、食宿等数据。通过旅游大数据，可以获取景区、旅游者及供应者三方的数据，是涉及旅游活动全过程的全面数据。与此同时，以旅游大数据为基础可以全面搜集有关景区的安全事故类型、表现形式、处理方式等信息，能够为景区提供真实的数据作为参考，为景区建立全面的安全预警机制打下坚实的基础，如某旅游游记所显示的客观的来自旅游者贡献的旅游信息。

旅游大数据客观地显示了旅游者出游天数、出行时间、旅游花费及旅游方式（跟团、自由行）。后台数据的搜集，可对潜在旅游者产生较大的影响，可以看出旅游高峰期。游记内容会涉及旅游行程安排、旅游交通方式、旅游美食介绍、旅游住宿介绍、旅游小贴士等内容，比旅游目的地官网介绍可信度更强、更真实。

2. 处理速度快，能够建立及时的安全应急机制

景区安全应急机制就是要在短时间内拿出科学、有效的应对方案，针对景区的突发安全事件果断采取措施。旅游大数据的高速处理大大提高了景区应对旅游安全事故的处理速度和精度，景区管理者既可以提取历史数据作参考，又可以调取预订信息进行紧急疏散。旅游大数据的即时处理功能，在数据处理速度、处理质量方面是传统方式无法比拟的，其处理速度和质量往往达到传统方式的数倍，为构建高效的景区安全预警机制奠定了基础。

3. 可信度高，能够建立精确的安全救援机制

景区的安全离不开旅游大数据，需要依靠旅游大数据提供足够、准确、有效的数据资源。通过对旅游大数据提供的数据进行分析、处理，能够为景区安全救援提供精准、易于操作的救援方案，可以借助网络精准定位功能，在景区遭遇突发安全事故的时候，能够快速实现位置的精确定位，便于施救人员能快速精准地到达救援位置，避免因位置误报导致救援延误等情况。

4. 搜索针对性强，能够建立系统的安全保障机制

在海量的网上数据中，提取有价值的数据，为景区建立系统的安全保障机制提供数据、资料支撑，实现数据搜索对景区安全体系构建的借鉴、参考价值，这是我们进行数据搜索最根本的目的。通过计算机的搜索功能，我们可以查找到景区所需的数据、资料，并实现数据的进一步加工和挖掘。

景区安全保障机制的建立，可借助搜索"热词"来预测旅游者的实际去向，真正建立起旅游大数据和旅游者之间的联系，综合历年景区历史数据来预判旅游高峰期的时间。同时，景区可以结合机票、酒店等预订信息以及百度等网络搜索记录，提前预测旅游者到景区游览的人数，借助这两方面的数据，景区能及时采取门票销售控制的手段限制进入景区的人数，确保景区在最大承载力的范围内安全运行。

（二）旅游景区安全预警机制基本策略

旅游景区安全受旅游业淡旺季影响极为明显，旅游旺季游客数量常常接近甚至超过景区最大承载量，给景区的安全管理和环境保护带来极大压力。旅游淡季游客太少导致旅游者之间缺少必要联系，游客会感觉到孤单，降低了游客的景区体验。从景区安全运营的角度而言，一旦发生突发安全事故，相对于事后妥善处理，事前预警、事中控制显得更为重要。基于旅游大数据构建的景区安全预警机制能提前预测景区热度、游客饱和度等。

1. 预测景区热度

在旅游业飞速发展的同时，旅游景区环境、社会问题逐渐凸显，节日节庆的景区瞬时游客数量爆棚、景区周边交通拥堵、景区环境破坏、旅游景区公共安全事件频发均是旅游承载力超限而产生的典型问题。人地关系的不和谐状态

不仅影响了景区游客的体验质量，也使得旅游景区安全存在隐患。旅游景区安全压力主要来源于数量庞大且持续不断的游客涌入，一旦超过景区的最大承载量，就可能引发一些安全问题。随着"互联网+"发展，越来越多的游客借助互联网进行旅游目的地信息查询，并最终进行旅游决策，完成旅行活动。通过旅游大数据，我们可以提前获知游客的目的地、出行路线、选乘交通工具、住宿等基本信息，提前预测到景区热度。如果预判景区（景点）过热，作为景区经营者可以通过新闻媒体发布有关公告，及时通报景区人流情况、安全提示和应对措施。

同时，景区可以采取必要的限流、分流措施，灵活自主地确定景区接待时间以及开放新的旅游线路等，使景区运营处在相对合理的空间范围之内。比如，成都武侯祠景区尝试通过景区承载量限制门票销售。此举通过旅游大数据的实时监测，一旦触发5万人景区最大承载量的安全警戒线，门票销售系统会发出警报提示，无法继续销售景区门票，售票人员会及时将情况通知景区管理人员采取应急措施。这样既能妥善处理好与游客的关系，又能保障景区的安全，实现游客顺利游览、景区安全和谐的双赢局面。

2. 预测游客饱和度

景区客流量是受多种因素影响的，传统的信息收集方式往往比较单一，各个部门收集到的数据是相对独立的，旅行社、景区、酒店等部门所拥有的数据是分散的，无法实现数据的共享，容易造成旅游市场的信息失衡，甚至是失真，使处于不同信息地位的供求双方的风险和收益不对称。我们可以借助旅游大数据涉及"食、厕、住、行、游、购、娱"等多个环节的优势，建立全面、系统的旅游大数据，通过对旅游各个环节数据的监控、分析，掌握游客实时动态，及时发布相关预警信息，为游客的合理出行提供参考信息，尽量避开游客饱和度较高的旅游线路。

3. 排除景区安全隐患

景区的安全管理更多体现在对安全隐患的排查，只有把可能存在的安全隐患排除，才能真正确保景区的安全运营。景区是一个相对封闭的地方，游览线路的设计由于旅游体验的原因往往是单向或者环线的。对于景区安全管理而言，一方面，封闭的景区利于管理，可以控制外来因素对景区的危害，重心可以放在景区内部的安全管理上；另一方面，大量旅游者在封闭的环境内流动，一旦发生突发事件，更容易造成大规模的人员伤害及财产损害。

通过旅游大数据平台可以对景区排除隐患提供支持作用，景区在有针对性搜索安全事故表现的同时，可以完善景区安全预警的设施设备，建立景区数据采集的可视化、智能化系统，实现对景区重点区域的客流量的自动监测，起到客流控制和时间段跟踪的作用。如江苏镇江借助"感知芯"技术，让游客通过手机终端进入景区，自动接收景区排队人数情况，并通过信息亭内的互动触摸屏让游客自助查询服务信息。

4. 自上而下的景区安全监管体系

旅游景区安全管理的关键在于日常的监管，建立科学合理的景区监管体系，进而实现对景区人力、物力资源的调动，及时纠正景区运营过程中存在的违规行为，尽可能地避免由于管理失位引发的安全事故。借助旅游大数据，能够精准地采集景区地形、地貌等基础数据，排查景区内存在的影响安全的因素，特别是景区存在的一些影响安全的不确定性因素，可以通过旅游大数据实现公开化、可视化，让景区的安防人员、管理者乃至游客都能熟知这些因素，提高安全防范意识，把安全放在第一的位置，形成自上而下的安全监管体系，有侧重点地对景区进行安全布防。一旦发生紧急的安全事故，能够在第一时间采取有效的解决措施，把安全事故解决在萌芽状态。在一些景区，已经能够看到安全警示、提示等信息，同时旅游者可以借助景区信息服务平台，自助查询到安全预警信息。

5. 事后矛盾排查机制

旅游业已经进入深度体验游阶段，旅游者在行程结束之后，往往会将自身体验以点评的方式呈现在网络之中，这是旅游者旅游体验过程的真实再现，能够较为客观地反映旅游者对景区游览的评价，这为景区收集游客游览感受及评价提供了契机。旅游景区管理者可及时关注到对景区不好的评价，进而采取有针对性的措施。旅游大数据能够搭建旅游者和经营者之间沟通的桥梁，及时反馈景区游览过程中存在的问题，就双方关心、关注的问题实现"在线"双向互动，及时交换信息。

但互联网传播的速度非常快，一旦在互联网中充斥着海量的游客点评信息，景区不能及时回复、解答，"差评"等负面信息会在虚拟的网络世界迅速扩散，对景区旅游形象、旅游品牌的杀伤力极大，进而影响景区的正常经营。

四、旅游景区安全管理对策

（一）强化旅游景区安全宣传教育

面对因游客无知和无视所带来的旅游安全事故，景区安全宣传教育显得尤为重要。宣传教育既要面向游客又要面向旅游从业人员。加强对游客景区安全的宣传，通过旅游之前的教育，签订安全协议须知，旅途中的各种告示和解说系统以及旅游从业人员的安全建议等进行宣传，提高游客的安全意识。与此同时，游客也应自觉遵守旅游景区安全规定，重视安全规定，提高旅游安全意识。通过旅游服务点的合理设置和对景区进行合理的规划，引导游客按正常旅游线路游览，堵住非开放区域的入口，在显要位置设立告知宣传牌，让游客深知进入未开放区域是没有安全保障的。

对于旅游从业人员，一方面，可通过加强他们的安全教育与培训来强化他们的意识，采取持证上岗制度；另一方面，严肃处理安全事故，促使旅游从业人员严格按照既定的标准和流程操作，避免在服务提供过程中产生不安全行为。比如，自主松散拼团游，从业人员的安全意识却来不得半点松懈。网上网下的各种旅行社不能仅当提供拼团名额的"拼盘人"，更应在安全保障方面严格遵守各项规范，特别是交通工具驾驶员、导游等直接对游客安全负责的从业人员，必须要求其符合资质，对有违章、违规记录的人员应该实行禁业。

（二）引进高素质的安全管理人才

目前，旅游景区安全管理发展的瓶颈是管理人员素质不高，对景区安全管理没有战略性的部署，制订的安全目标没有具体的实施措施，缺乏对安全资金的统筹和规划，没有很强的安全专业技能和知识。因此，只有引进具有安全专业背景且拥有注册安全主任、安全评估师等资格证书的人才，才能给风景区注入新的安全理念和管理手段，解决安全管理发展的矛盾，提升安全管理机构的管理层次和水平。与此同时，建立现代旅游职业标准体系和人才评价制度，全力拓展旅游人才职业发展空间，加快研制旅游职业经理人标准，推动建立职业能力鉴定认证体系。

（三）建立系统的安全教育培训制度

很多风景区的安全教育只是形式，只是为了应付上级主管部门的检查和要求，组织一些简单的安全学习活动，并没有真正提高员工的安全素质和管理水平。风景区对员工应制订长期的安全培训计划，并聘请专业的安全讲师，定期对员工进行全面的安全知识拓展和安全实操训练，并将员工培训成绩列入全年的绩效考核中。风景区要按照管理的性质和操作的内容聘请具有相关资格证书的人员或组织现有人员进行再培训，直到培训合格持证上岗。如安全管理机构要根据风景区的规模配备相当的注册安全主任，缆车、索道人员需持有特种作业人员操作证书，救生员要有合格的救生员证书等。

如某景区专门设立的"安全意识教育墙"，内容分为在发生火灾后如何逃生、溺水后如何救援、被蛇咬之后如何处理、触电之后如何救援等基本常识。此举用图文并茂的方式，一方面，组织内部员工定期进行培训；另一方面，游客来景区游玩时，其景区的工作人员也反复向其进行讲解。到最后，该景区把这个安全意识教育墙作为一个游乐项目，凡是来景区游玩的游客必须进行培训。这种做法使安全意识深入人心，从而也杜绝了安全事故的发生，此做法值得其他景区借鉴。

（四）完善安全管理信息系统

旅游景区在健全各级安全管理机构的同时，要逐级签订安全管理责任书，并将日常的管理活动信息化、系统化。一是健全安全管理机构的层次和隶属关系。二是对各安全管理层次进行组织功能分析，列出核心功能和辅助功能。三是根据组织结构和组织功能分析，利用相关软件进行系统开发，最终运用到日常的安全管理工作中。

（五）健全安全防护标志和防护措施

如在车行道路危险点设置警示桩、反视镜、撞墙等，在行人游道必须设置规范的防护栏杆。当前风景区内部分防护栏高度不够，一旦游客过多相互拥挤，就很容易发生游客坠崖事故。定期对游览设施，如索道、观光天梯、游船等进行检测、检修和维护，并要符合国家的安全标准；对游览设施准确核定载客人数、承载重量、运行速度等并严格执行。设置可视化监控系统，如在景区设立全方位、全天候的电视监控系统，对可能出现的安全隐患达到自动识别、自动监控、自动报警。

（六）建立旅游安全事故应急管理制度

一是制订科学的应急救援预案，针对风景区可能发生的安全事故，科学合理地制订事故应急预案及疏散避难预案。二是由风景区的专业人员构成应急救援队伍，根据旅游安全事故的性质和等级开展相应的应急救援工作。三是要经常进行应急救援演练，特别在节假日前，组织应急救援队伍进行消防演练、模拟救援等项目。

（七）加强节假日旅游安全监控

节日期间客流量大，要增派人员加强疏导，防止发生拥挤踩踏和其他群死群伤事故。载客较多的交通工具，要加强维修和检查，保持良好的运行状态。安排安全人员轮班轮休，防止麻痹大意和过度疲劳引发事故。在风景区入口、索道电梯、乘车场站入口等醒目位置悬挂安全标语，设置安全警示牌等。另外，鼓励基层员工向游客宣讲安全知识，并充分利用风景区旅游服务系统如车载电视、休息室电视屏等广泛宣传安全知识，提高游客的安全意识。

（八）定期进行安全检查

检查险要道路、繁忙道口及险峻路段等处，及时排除危岩、险石和其他不安全因素。检查风景区的建筑安全，增加消防器材、避雷针等安全设施，提高建筑的安全等级。检查高空索道等特种设备，督促进行定期检验和维护，确保设备运行良好等。

第三节　旅游景区危机公共管理

一、旅游景区危机概述

当今"危机"一词已经广泛用于政治、经济、文化和社会活动等各个方面，其一般的含义是指危险的情况，其事态发展会给多方带来不利的影响。企业危机是指企业中存在不对自身进行有效的变革就不能克服的已出现或潜在的危及企业生存与发展的因素。旅游景区是一种具有较高敏感性的企业，它时刻都面临着较大的市场风险，因此危机总是与景区相伴，这就使旅游景区的运营管理面临重大挑战。

（一）旅游景区危机基本知识

1. 旅游景区危机的概念

旅游景区危机是指任何危及景区经营目标的非预期事情和事件，致使景区处于一种不稳定状态，威胁景区目标的实现。

旅游景区可能发生的危机主要有两大类：一类是由自然灾害或人为因素引起的突发事件，前者如洪涝、地震、海啸等引发的突发事件，后者如管理者执行不力引发的公共安全事故；另一类则是人为因素造成的潜在危机，如规划失误、产品结构不合理、开发过度或保护措施不力导致的景区形象品牌破坏、生态破坏、景观破坏等。

2. 旅游景区危机的特点

旅游景区危机具有自身明显的特征，主要有 6 种。

（1）普遍性

它是指危机存在于每一个旅游景区中，并且贯穿于每一个旅游景区的生命周期。

（2）危害性

旅游景区危机不仅会使旅游景区遭受经济损失，进而令景区的战略目标无法达成；而且还会使公众产生恐惧心理和焦虑情绪，最终阻碍旅游景区的正常运营。

（3）潜伏性

旅游危机的诱因一直处在不断酝酿的过程中，由量变发展成质变，直到形成旅游危机。在旅游危机诱因积累过程中，旅游危机隐蔽性较强，难以被察觉和被控制。

（4）突发性

旅游景区危机通常在景区管理运营中突然爆发，令企业措手不及。因此，景区难以准确预测和把握危机。

（5）公开性

旅游景区危机事件常常成为社会舆论关注的焦点和热点，它往往成为新闻传播媒介的新闻素材与报道线索之一。

（6）关联性

旅游景区紧紧依托优势旅游资源来壮大旅游市场。凡是导致旅游市场需求变化和景区旅游吸引力下降的事件，都可能影响旅游景区的生存和发展，成为旅游景区发展面临的危机。

（二）旅游景区危机表现形式

旅游景区危机的表现形式可以分为战略危机、资源危机、产品危机、文化危机、形象危机、服务质量危机、财务危机、人才危机等。

1.战略危机

战略是指企业面对激烈变化、严峻挑战的经营环境，为求得长期生存和不断发展而进行的总体性谋划。它是企业为实现其宗旨和目标而确定的组织行动方向和资源配置纲要，是制订各种计划的基础。旅游景区若没有这种总体性谋划，就会陷入管理混乱之中。景区战略制定的主要依据是景区的发展环境分析和景区经营优劣势的客观评估。如果景区制定的发展战略与其所面临的挑战不相适应，必定会威胁景区的进一步发展。景区战略危机表现在两个方面。

（1）战略混乱

景区制定的发展战略目标不清晰，甚至制定数个发展战略，但其相互之间充满了矛盾而导致战略混乱。

（2）战略滞后

这是指景区的发展战略滞后于景区发展，如不进行战略调整，则会阻碍景区的长期发展。

2. 资源（产品）危机

旅游资源（产品）是旅游景区开发的重要前提。自然旅游资源是自然环境的产物，人文旅游资源主要是历代的文物古迹和现代的人造景观，两者经开发后统称为旅游产品。旅游资源（产品）受到自然因素，尤其是人为因素的破坏，使得旅游吸引力下降，景区游客减少，旅游开发陷入危机。当前，这种危机主要表现在以下两个方面：

（1）旅游资源（产品）受到人为破坏，降低旅游品位

景区过度开发使自然景区某些珍稀动植物及其原始生活环境受到破坏，具有科学教学研究价值的地质地貌景观被损害。

（2）游客超过旅游景区最大承载量

景区游客过多会对景区的旅游资源（产品）造成损坏。

3. 文化危机

伴随着旅游的蓬勃发展和游客的大量涌入，旅游景区的经济效益得到显著提高。但与此同时，当地特有的社会风俗习惯也逐渐地被改变，旅游景区的特色文化慢慢走向沉没，逐渐失去了当地文化特有的内涵与魅力。依赖特色文化而发展起来的旅游景区会因此而失去巨大的吸引力，逐渐走向凋零。景区文化危机表现在以下两个方面。

（1）文化商业化

在工业化文明进程中，许多古老技艺因为在生产生活中的作用逐渐减少而被人们所忽视。因缺乏技艺炉火纯青的匠人，原先巧夺天工的景区工艺品逐渐演变成大规模生产的劣质工艺品。

（2）文化变迁

景区当地居民因长时间接触游客，自身的社会习俗受到游客行为方式的影响，逐渐被同化，使景区当地的文化传承可能出现中断。

4. 形象危机

景区形象是公众对旅游景区总体的、抽象的、概括的认识和评价，是旅游景区现实的一种理性再现。景区形象的好坏对其生存和发展产生重要的影响。景区形象危机表现在以下两个方面：

（1）景区形象不突出

许多景区没有根据自身的性质特征和目标市场情况进行形象定位，因此景区形象不被旅游者认可。

（2）景区形象差

由于景区没有进行形象策划或形象缺乏新意，因而景区对游客缺乏吸引力。

5. 服务质量危机

随着旅游业的快速发展，旅游景区的服务质量对旅游景区塑造良好的市场形象、提升景区的竞争力，起着十分重要的作用。景区服务质量水平偏低，游客便无法享受优质的旅游服务。景区服务质量危机主要表现在 5 个方面：

①服务基础设施和设备不完善。

②服务环境（包括自然环境与人文环境）不舒适。

③景区商品质量差。

④服务操作不规范，服务人员主动性不强，服务效率低。

⑤景区综合管理混乱，投诉管理机制不健全。

6. 财务危机

财务危机是指旅游景区无力清偿到期债务，而投资的失败往往会直接导致财务危机的爆发。但即使投资项目科学合理，其他的内部危机也可能引发财务危机，旅游景区挽回败局的力量就会变得很微弱。景区财务危机表现在两个方面：

①经济收入来源单一。旅游景区大多采用门票经济的经营模式，涉足旅游以外产业的旅游景区企业较少。

②工资调配压力大。景区员工的工资水平正在不断上升，不过工资增长速度如果过快会增加旅游景区成本，甚至造成景区的经营困难。

7. 人才危机

人才是支撑旅游景区开发和管理的主力军，而人才危机是引发众多旅游景区危机的本质原因之一。景区人才危机主要表现在 3 个方面。

①景区高端管理人才严重不足，景区从业人员专业素质普遍不高。

②景区核心骨干人才离职率高，特别是景区的公关和营销等方面的核心骨干离职率高。

③员工思想道德滑坡。员工向外界泄露景区的核心信息，严重威胁景区信息安全。

（三）旅游景区危机管理

1.旅游景区危机管理的概念

危机管理是对危机潜伏、形成、高潮、消退全过程的全景式控制管理。旅游景区危机管理是景区为了预防、摆脱、转化危机而采取的一系列维护景区的正常运营、使景区脱离逆境、避免或减少景区财产损失、将危机化解为转机的一种积极主动行为。

2.旅游景区危机管理的阶段划分

为了有效应对危机，一些组织机构和学者根据危机的生命周期对危机管理进行了阶段划分。美国联邦安全管理委员会将其划分为减缓、预防、反应和恢复 4 个阶段；米特罗夫（Mitroff）将危机管理分成信号侦测、探测和预防、控制损害、恢复和学习 5 个阶段；伯奇（Brich）和古斯（Guth）等把危机管理分成危机前、危机中和危机后 3 个阶段。

（1）危机前

该阶段危机管理措施由减少和预备构成。减少阶段属于旅游景区常规管理，危机事件处在萌芽状态，对旅游景区危害程度较低。危机事件在预备阶段进一步酝酿，对旅游景区的危害程度也逐渐升高。

（2）危机中

该阶段危机管理措施由反应和恢复构成。该时期危机事件正在发生，对旅游景区的危害程度迅速增加，往往会对旅游景区造成巨大损失。旅游景区对危机事件正确的反应可以降低危机的危害程度。恢复是指景区修复资源、基础设施和重塑景区形象等，使景区恢复正常运转。在恢复阶段，危机事件的危害程度进一步降低。

（3）危机后

该阶段危机事件已经得到完全解决，属于回顾、总结提升阶段。危机事件的妥善解决，使景区形象在游客心目中得以提升。通过总结回顾，旅游景区危机管理水平得到提高，此次危机事件有助于推动景区的健康持续发展。

3. 旅游景区危机管理策略

随着旅游业的蓬勃发展，我国旅游景区的类型日益多样，景区危机类型也日渐错综复杂。而旅游景区危机管理的核心流程大致可分为危机预防、危机处理和危机总结3个阶段。

（1）危机预防

旅游景区危机管理的重点是预防危机，危机来临前要防患于未然，降低危机负面影响的最佳方法是常备不懈。旅游景区不能低估危机的危害性。大灾难料、人祸可防，自然灾害难以避免，而因人力资源管理不当、财务管理不力等人为因素造成的"人祸"大多是可以预防的。

第一，树立和强化危机意识。旅游景区要牢固树立强烈的危机管理意识，这是景区进行危机预防的重要前提。旅游景区要让员工充分认识到危机管理意识在景区经营管理中的重要性，切实提高员工的危机管理意识，大力培养员工危机处理的技巧和方法。

第二，进行危机评估。旅游景区要在事前对各种危机发生的可能性大小和各种危机造成的潜在影响进行衡量，以此作为建立景区危机预警制度的依据。

第三，建立景区危机预警机制。旅游景区要成立公关部，以负责景区危机的处理工作。公关部要预测、研究与分析景区可能发生的危机，并且结合景区的自身情况开展危机模拟训练，预先制定危机事件的应急处理预案。

（2）危机处理

危机事件发生后，景区首先要沉着应对，迅速处理。景区公关部应果断地采取切实有效的措施，隔离危机，避免危机的进一步扩大。快速查找出危机发生的根本原因，有效地解决危机。

其次，景区要善于随机应变。由于景区危机具有潜伏性和突发性，尽管事前已经制定出危机事件应急处理预案，但是难以找到应对危机的万全之策。因此，在处理危机的过程中，应当具体问题具体分析，及时改良危机处理对策。

再次，旅游景区要始终将公众利益放在首位。景区要认真倾听受危机影响公众的意见，了解公众的诉求，并且尽量弥补公众损失。

最后，要与媒体保持良好关系。景区通过媒体向公众解释危机事件的来龙去脉，以避免失实报道对公众产生不良的引导，降低对企业信誉的损害。

（3）危机总结

在危机平息之后，景区要认真深刻分析危机所发生的原因和危害后果，评估危机处理的方法是否得当、成效如何，总结经验教训，并且要完善危机管理预警方案及制订今后的危机防范规划，为今后处理类似危机提供参考与借鉴。通过对景区危机的透彻分析，景区需要创新产品设计，加强营销推广，以展示景区的新风采。

第一，调整产品结构。危机过后，景区应根据市场需求调整产品结构，研究危机后旅游者行为模式变化趋势，从而创新景区产品，努力恢复游客旅游信心。

第二，做好营销推广。景区通过调整宣传内容并进行大力宣传，以尽快消除危机的负面影响，树立景区新形象。

二、新媒体时代景区危机公关

新媒体不仅改变了公众的媒介使用习惯，而且也深刻地改变了旅游景区危机信息传播途径和传播速度。公众不再仅仅是受众，而是成了景区危机信息传播过程中的参与者。景区需要把握新媒体传播的规律和特点，借助新媒体这个更为广阔的平台，因势利导，以巧妙且妥当的危机公关策略降低危机对景区的消极影响。

（一）旅游景区危机公关概述

1. 旅游景区危机公关的概念

旅游景区危机事件的出现对景区管理运营的负面影响是非常巨大的。公共关系传播的一个重要职责就是正确处理危机，努力转变公众对待旅游景区的态度。旅游景区危机公关指的是在旅游景区危机发生前后的处理、解决过程中，组织与公众之间信息双向传播方法、手段、技巧的科学运用。

2.旅游景区危机公关的作用

（1）维护品牌形象

维护景区品牌形象是旅游景区危机公关的首要任务。对旅游景区而言，任何危机都会对景区的品牌形象产生不良影响。尤其是在新媒体环境下，旅游景区更要打造好品牌形象。景区应采取一系列公关策略对景区品牌形象进行维护，避免景区形象进一步受损。

（2）促进产品营销

旅游景区危机爆发会导致公众对景区产生不良印象，进而丧失对景区的消费信心，影响景区的营业收入。不过如果景区实施正确的危机公关策略，就能够逐渐恢复公众信心，提高景区产品的销量。

（3）树立良好口碑

在瞬息万变的旅游环境中，旅游景区口碑的好与坏将直接影响其生存和发展。想要让旅游景区品牌保持良好的口碑，景区需要实施正确的危机公关策略，以提高消费者的品牌忠诚度，增强顾客对景区的信任感。

（二）互联网环境下旅游景区危机传播的信息源

互联网环境下旅游景区危机事件信息的发出者是信息源，收受者是网民。信息源通过发布信息、转载（引用）信息等方式向网民传播舆情信息；同时，网民通过发表文章、点击、回复等方式表达对各种舆情信息的感兴趣程度，参与信息的进一步传播。

1.景区员工自曝景点黑幕

近年，网络媒体频繁报道一些旅游相关从业人员发表言论，揭露旅游景区景点的部分黑幕，这种自曝内容的发出被广泛关注。如云南地区近两年多次出现导游自曝景区黑幕的情况，致使被提及的景区在一些搜索引擎上位居负面新闻前列，严重影响景区的美誉度，这是景区陷入危机的前兆。有一些景区工作人员曝光不为外人知晓的景区行为、潜规则等，其曝光的言论在大众心中具有一定的信任度，尤其是对有损游客利益的信息会受到社会大众的高度关注。这些信息被曝出后，景区极易受到大众的谴责，从而致使景区陷入危机。

2.游客充当信息传播者

互联网以及各种通信设备技术的发展让人们上网变得越来越便捷，游客在出游时都会有随身携带的电子产品，一些他们在旅行过程中的所见所闻都会通过手机拍照、录音等进行记录，然后上传至朋友圈、微博、QQ等，继而传播扩散，引发社会舆论，造成景区的危机。

3.网民自发转载

Web时代，网民言论更加自由，网民不仅可以随时发布自己的观点意见，还能快速浏览、汇集网络上的各类言论信息。网民可以通过发布视频、文字、图像等一系列的方式发表自己的各种意见，将各式各样的信息展示在大众的面前。一些微小的事件被炒作成网民关注的热点，缘于网民的从众心理，盲目跟帖，形成"多数"意见，造成该事件"风起云涌"，聚焦成网民和社会关注问题。

4.新闻媒体报道

绝大多数的旅游景区网络突发事件都是由记者报道并经新闻媒体的大量宣传后才引起受众关注的。新闻媒体是反映意识形态的传播者，一起突发事件在被媒体报道后，就会引起网民的极大关注，形成舆论焦点。

（三）新媒体对旅游景区危机公关的影响

1.积极影响

（1）有利于掌握舆论环境情况

旅游景区管理者可利用新媒体平台打破时间、空间等条件限制，及时收集关于景区经营服务的不良信息，便于及时采取干预措施。当危机爆发后，也可以通过新媒体平台及时地收集媒体新闻报道和网民的意见和看法，了解景区危机的发展趋势，采取积极有效的应急管理措施，提高危机管理效率，降低危机对景区造成的损失。

（2）有利于促进与公众的沟通

景区危机一旦发生后，景区可以通过新媒体平台将危机真实准确的信息迅速、及时、充分地传达给公众，消除公众疑虑，避免谣言的产生。此外，景区还可通过新媒体平台发布产品或服务的正面信息，与公众就景区的产品和服务进行讨论，获得正面反馈，形成良好的口碑传播效果。

（3）有利于扩大危机公关受众面

旅游景区可以随时随地借助新媒体平台进行景区信息发布，实现危机公关信息精准推送，让信息更加及时和准确地传达给公众，更好地挽回景区形象。

（4）有利于提高危机公关效率

新媒体传播实时性强、传播速度快，景区可在第一时间就发生的危机事表明景区的态度并向公众发布危机解决方案，在公众中树立起良好的企业形象。如旅游景区可通过官方网站、官方微博等传播渠道，对危机事件的处理进程进行实时更新和公布，提高景区危机处理的效率。

2. 消极影响

（1）增大景区发生危机的可能性

在新媒体时代，信息发布的主体众多，有些不明人士通过互联网进行造谣传谣，恶意中伤旅游景区。此外，新媒体报道的内容丰富、形式灵活、开放性和互动性高，向公众全面展现旅游景区的发展情况，景区存在的任何问题都有可能被曝光。

（2）扩大景区危机的影响范围

在新媒体环境下，旅游景区的危机信息可以通过手机、互联网等渠道即时传遍全国甚至全世界。在很短的时间内，公众便会获悉景区发生危机的信息。随着危机信息的不断传播，旅游景区危机影响的范围将不断扩大。

（3）加快景区危机的爆发速度

旅游景区危机爆发后，在新媒体的推波助澜下，信息的传播速度非常快。可能在景区还没找出危机发生的原因时，景区危机的信息就已经引起公众关注、为公众所知晓。尤其是一些备受关注的重大危机事件，一旦爆发即急速扩散，形成网络舆情。

（4）增强景区危机的破坏性

由于在新媒体环境下，旅游景区危机被曝光的频率增多，缩短了景区的反应时间，影响了景区的决策效果，无形中增强了景区危机的破坏性。与此同时，很多网民可能在不了解危机的真实情况下随意在网络上发表个人意见和看法，误导公众。

3. 利用新媒体进行危机管理

随着人们选择旅游程度的不断增强和旅游产业的迅速扩大，旅游业越来越成为关注度和敏感度极高的行业。如果没有一定的危机意识和危机管理方案，在新媒体条件下，任何负面信息都会不断放大从而演变为一场危机，因此危机管理成了旅游管理部门一直重视的问题。

利用新媒体进行有效的危机预警与处理，加强旅游产业的危机意识，不断提高危机应对能力成为风景旅游区和主管部门的必然趋势和选择。在这一过程中，首先要确保旅游组织与直接打交道的个人和游客、雇员、其他旅游服务业组织团体保持连续、积极的关系。通过新媒体及时发现和预防工作中存在的问题，做好日常公关管理，将危机消灭在萌芽状态。

其次，与各类媒体保持良好的日常沟通与互动，对在各类媒体中，特别是新媒体中反映出来的消息及时与媒介媒体主管部门进行沟通，积极传播正面积极的消息。与此同时，也要重视消极负面信息反映出来的问题的解决，以便更好地完善景区管理、提高服务质量。还要从各个方面加强危机意识，做好危机相关的准备工作和准备预案，以减少危机形成的概率。

最后，提前准备危机预案。危机公关是不少风景区普遍青睐的一种做法，但往往进行危机公关所付出的代价也远远高于提前准备危机预案的成本。在这一过程中，要积极利用微博、视频网站、社区网站等互动性及传播速度都很强的新媒体，及时将负面信息的危害程度降到最低。与此同时，采取公开透明的姿态来化解矛盾避免负面信息扩散，进而避免由负面消息演变为危机，甚至将其作为发展改革的"契机"，从而有效改善景区的公众形象。

（四）新媒体时代旅游景区危机公关策略

新媒体时代旅游景区危机公关的宗旨就是"真实传播、降低影响"，当网络危机发生以后，只有真实地反映事情的经过和进展情况，才能获得网友的谅解和支持；反之，若景区一味地采取逃避、推脱的侥幸心理，只会使景区的危机事件扩大升级，使事态更加难以控制。

1. 新媒体时代旅游景区危机公关的处理策略

（1）舆情日常监测和分析

舆情日常监测和分析是指浏览和查找海量网络舆情信息，包括浏览新闻网站、网络论坛、微博等，从海量信息中获取与旅游景区危机事件相关的舆情信息，进而了解旅游者、其他旅游景区、景区投资商、政府部门和媒体等多方对旅游景区的报道和态度。利用专门的网络舆情监测工具，对各类信息资料进行统计和分析，以发现舆论的话题结构分布和发展方向，并对容易引发旅游景区危机的信息及时进行处理。

渠道的畅通可以使各方知道发生了什么事情，应该做什么，可以在第一时间澄清事实、缓解压力、解决矛盾，可以化被动为主动，积极妥善地处理突发问题；而畅通的沟通渠道就需要景区不仅设立有沟通平台，更要有积极的回应机制。危机管理的过程实际上就是信息传播和交流的过程，景区只有采取真诚的态度与民众沟通，才可能与民众达成对事件的共识，使事件的真相被公众所了解。危机前的网络舆情监测，有利于景区发现危机预警，从而及时展开危机预防与应对，减少危机造成的损失。只有做好舆情的监测，才能及时掌握网络舆情发生、发展的主动权，了解动态，提前介入，将不良舆情处置在萌芽状态。

如今公众获取信息的渠道更加多样化，信息传播速度更快，互联网等新兴媒体成为引导和影响社会舆论的重要力量，因此新媒体在旅游景区危机公关中扮演非常重要的角色。在新媒体时代下，不少旅游景区却因舆情管理缺失或舆情监管不当，而深陷负面舆论漩涡。因此，旅游景区要充分使用新媒体对网络舆情进行实时采集、分析和汇总，即时了解网络上关于旅游景区的重要舆情信息，发现危机事件的发生原因，及时采取应对策略。

（2）建立健全危机公关预警机制

旅游景区危机具有潜伏性，特别是在新媒体时代，景区无法预料危机将演变至何种境地。因此，建立适应新媒体环境的危机公关预警机制对旅游景区而言非常重要。景区通过事前制订危机应对措施、公关手段和公关工作计划，可降低新媒体在景区危机事件发展与产生中的负面影响。针对互联网信息传媒平台，尤其是被公众所广泛使用的微信、微博做好危机公关预警方案。当出现互联网负面新闻时，景区应立即启动危机公关预警方案，找出危机产生原因，争取第一时间控制该负面信息的进一步扩散。

2. 新媒体时代旅游景区危机公关的处理策略

（1）快速响应

旅游景区要快速作出反应，迅速收集所有与危机相关的事实，充分利用各种新媒体和危机涉及方进行交流。旅游景区危机发生时，要在第一时间发布准确信息，把危机的最新处理结果迅速向外公布，让公众能够及时得到准确的信息，以获得公众的支持，在公众中树立良好的形象。

主动应对危机对景区来说至关重要，尤其是在网络高速传播的时代，这一点已得到全球的肯定。景区管理部门及其负责人应在第一时间了解事情的全部并与当事人和新闻媒体等方面积极沟通，建立一个媒体中心，迅速通过媒体与网络渠道发布危机方面的信息。在了解事态的全面情况之后，最短时间内拦截各类负面消息，做到积极主动承担因景区原因造成游客的人身财产等的损失，根据具体情况进行补偿并将这些后续的处理情况通过互联网渠道公布出来，让大众所知晓。景区应制订应对策略和方法，主要目的是防止危机的蔓延，对危机事件的处理占领主动权，第一时间发布相关信息，引导事件以及舆论话题方向，并且建立良好的具有诚意的网络公关形象，认真、耐心地去回应事件。

（2）寻找危机原因

新媒体时代信息庞杂无章，一些不负责任的信息发布者和传播者，将可信度较低的信息进行反复、大量传播，致使有效信息被许多无用信息所淹没。旅游景区因网络谣言而引发危机事件时，要通过提高自身的信息分析能力，寻找出危机的"始作俑者"以及危机得以快速蔓延的根本原因，及时采取正确的危机公关措施来消除负面信息，防止景区的品牌形象遭到严重损害。

（3）对外统一发言

当危机爆发时，旅游景区所有人员对危机信息要统一口径；同时，可借媒体之口，有针对性地对外发布危机的真实情况，澄清谣言，以表明旅游景区的立场，化解公众对景区的对立情绪。旅游景区可充分使用各种新媒体，与公众进行互动与交流。如召开网上新闻发布会，采取图片、文字、音频和视频相结合的形式进行危机信息发布。网友只需登录直播平台，即可及时了解景区危机的最新进展情况。

成立专门的网络环境下景区危机事件应对小组及发言人机制。危机小组由景区的主要负责人和网络公共关系方面的人员构成，对网络大环境的公关机制、背景等非常了解并能熟练运用，尽可能地转"危"为"机"。其负责对网络环境下发生的危机的现阶段状况作出正确的判断和处理应对，并分析其发生的原因，找出网络危机爆发的源头等，制订出合理的方案。与此同时，结合各个景区自身的一些情况以及不同的危机事件，对发生的事件作出合理的处理，对不实言论进行遏制，对危机的源头核实调查，对将来可能发生的一些危机作出预测预警，制订危机预案来保证景区后续的经营运行。

（4）公布危机事件真相

在危机爆发后，旅游景区应该及时通过官方网站、官方微信和官方微博等公开媒体渠道，准确告知公众危机事件的真相，开诚布公，以取得公众的理解和支持，尽快稳定舆论环境。在新媒体时代，公众希望可以通过景区的网络公开渠道得到景区危机的真实情况。

（5）与公众进行沟通与互动

在新媒体环境中，危机处理更加强调景区与媒体、公众之间的相互沟通与互动。在危机处理之时，旅游景区要通过微博、微信、论坛等多个新媒体平台倾听多方的声音，了解各方对危机事件的不同看法，并积极作出回应，打消公众因不了解危机而产生的顾虑。

3. 新媒体时代旅游景区危机公关的善后策略

（1）彰显社会责任，重振景区形象

危机管理的最高境界就是总结经验教训，让景区在事态平息后更加焕发活力，在危机中恢复，制止危机给景区造成的不良影响，尽快恢复景区的品牌形象，重获公众、媒介以及景区对景区的信任。

危机过后，旅游景区需要修复其品牌形象，彰显社会责任，以提升景区社会形象。景区可以在各新媒体平台上播放景区宣传片，展现景区的发展历程、所取得的成就以及公益事业的开展情况。通过一系列的宣传活动，树立景区的积极形象，重获公众的信任和支持。

（2）加强媒体合作，搭建营销平台

在发生危机后，在官方的网络平台或者信息中枢平台第一时间发布真实可信的事件信息，日常注重对景区在网络上的公关宣传，平时与大众进行沟通取得其信任并增强好感度，建立起信誉度良好的官方信息系统。这样在发生问题之后，景区方面的言论才能得到大众的充分信任，不使景区一直处于舆论的被动状态，及时有效地解决危机事件。

旅游景区可在各新媒体平台上增加广告投入，大力宣传景区的产品和服务，实现营销传播创新。如旅游景区可以在微信、微博开展专题营销，根据各新媒体平台的用户群体特点有针对性地进行恢复性营销。

（3）关注网络舆情，把握舆情动向

在新媒体时代，旅游景区要充分利用新媒体的优势，及时与公众进行有效的沟通与交流，提高景区信息传播的公信力和影响力，有效引导网络舆论方向。一方面，景区可以在影响力强的媒体网站上将其软性广告融入新闻信息中进行广泛传播；另一方面，景区也需要时刻关注网民的言论，并利用新媒体与网民进行互动，共同探讨旅游景区的管理问题。

参考文献

[1] 王鸣柳 . 旅游景区综合发展研究 [M]. 广州：广东旅游出版社，2021.03.

[2] 明庆忠 . 旅游景区优化布局与管理改革研究 [M]. 北京：中国旅游出版社，2020.07.

[3] 罗清 . 旅游服务质量研究 [M]. 北京：旅游教育出版社，2020.06.

[4] 陈婕 . 全域旅游发展路径研究 [M]. 北京：北京工业大学出版社，2020.07.

[5] 李伦富 . 旅游景区综合发展评价研究 [M]. 北京：原子能出版社，2019.07.

[6] 王学峰 . 旅游概论 [M]. 北京：北京交通大学出版社，2019.10.

[7] 王金涛 . 旅游小镇综合设计 [M]. 江苏凤凰科学技术出版社，2019.01.

[8] 李柏文 . "文化创意 +"旅游业融合发展 [M]. 北京：知识产权出版社，2019.11.

[9] 林文凯 . 旅游景区经营权定价研究实物期权的视角 [M]. 北京：旅游教育出版社，2019.06.

[10] 王迎新 . 文化旅游管理研究 [M]. 北京：现代出版社，2019.05.

[11] 魏丽英，路科 . 在线旅游发展下的旅游目的地竞争战略选择研究 [M]. 北京：冶金工业出版社，2019.11.

[12] 马潇，韩英 . 旅游景区开发与区域经济发展 [M]. 太原：山西经济出版社，2022.03.

[13] 任运伟，侯琳 . 旅游景区规划原理与实务 [M]. 北京：北京理工大学出版社，2021.01.

[14] 包仁菊 . 旅游景区规划与服务管理创新研究 [M]. 北京：九州出版社，2021.07.

[15] 赵黎明. 旅游景区管理学第 3 版 [M]. 天津：南开大学出版社，2021.01.

[16] 石培华，黄萍，翟燕霞. 旅游景区发展的中国模式 [M]. 北京：中国旅游出版社，2021.03.

[17] 刘英，宋立本. 旅游景区服务与管理 [M]. 北京：北京理工大学出版社，2020.01.

[18] 韦家瑜. 旅游景区规划实务 [M]. 北京：中国国际广播出版社，2020.09.

[19] 邹统钎. 旅游景区开发与管理第 5 版 [M]. 北京：清华大学出版社，2021.08.

[20] 战冬梅. 新时代下中国旅游景区发展研究 [M]. 北京：经济科学出版社，2021.08.

[21] 周武忠. 旅游景区规划研究 [M]. 上海：上海交通大学出版社，2019.12.

[22] 郭峦. 旅游景区新媒体营销策略 [M]. 北京：经济管理出版社，2019.11.

[23] 张河清. 旅游景区管理 [M]. 重庆：重庆大学出版社，2018.03.

[24] 王昆欣，牟丹. 旅游景区服务与管理第 3 版 [M]. 北京: 旅游教育出版社，2018.01.

[25] 胡昕. 旅游景区服务管理 [M]. 成都：四川大学出版社，2018.07.

[26] 王瑜. 旅游景区服务与管理第 4 版 [M]. 沈阳：东北财经大学出版社，2018.09.

[27] 董靓，陈睿智，曾煜朗. 旅游景区规划设计 [M]. 北京：中国建筑工业出版社，2018.02.

[28] 王少华，藏思. 旅游景区管理 [M]. 吉林出版集团股份有限公司，2018.12.

[29] 黄丽. 旅游景区的创新发展实务 [M]. 长春：吉林大学山版社，2018.08.

[30] 苏琨，李梦 . 旅游景区信息化评价 [M]. 西安：西安交通大学出版社，2018.08.

[31] 刘筱筱 . 旅游服务礼仪 [M]. 北京：北京理工大学出版社，2023.02.

[32] 顾雅青，郎富平 . 旅游策划实务 [M]. 杭州：浙江大学出版社，2022.03.